JN081077

ター/アフロ

2021年1月6日、ワシントンD.C. のエリプス広場に集まっていた数千人のトランプ支持者が、トランプ大統領の「議事堂へ行こう」という演説を受けて、連邦議会議事堂へと行進した。そしてその一部が、議会で大統領認定の審議が始まった直後に議事堂内に乱入し、結果的に5人の死者を出した。

ン/アフロ

うとする暴徒の襲撃に身構える議員たち。

右：選挙人団の票が入った茶色い箱は上院か〜を上げられて無事だった。1月6日夜8時か〜議は再開され、7日未明に正式に大統領認定〜された。

嵐の中の船出
バイデン大統

2021年1月20日、コロナ禍とその2週間前に起
襲撃事件のため、参列者を制限し厳戒態勢の中で
代大統領の就任式。それでも78歳の大統領は力強
の責務に立ち向かう」と嵐の中の船出を宣言した。

写真：ロイ

写真：A

乱入し。

写真
ら引
ら審
がな

写真：代表撮影ロイター／アフロ

上の写真は、2021年1月6日トランプ支持派が押し寄せた日の連邦議会議事堂、下はその2週間後、1月20日の大統領就任式当日、同じ場所、同じ角度から見た連邦議会議事堂の光景。

写真：ロイター／アフロ

...preserve, protect and defend the Constitution of the United States.

写真：ロイター / アフロ

写真：AP / アフロ

上は、就任演説をするバイデン大統領。「全身全霊を込めてアメリカに結束をもたらす」と宣言した。

写真：ロイター／アフロ

人々で埋め尽くされるはずのモールは、国旗で埋め尽くされた。就任演説最年少の桂冠詩人アマンダ・ゴーマンは民主主義は敗北しない、と詩に託し、レディー・ガガはボリュームのある歌声で国歌斉唱をし、非常事態の中で行われた大統領就任式に華を添えた。

写真：ロイター／アフロ

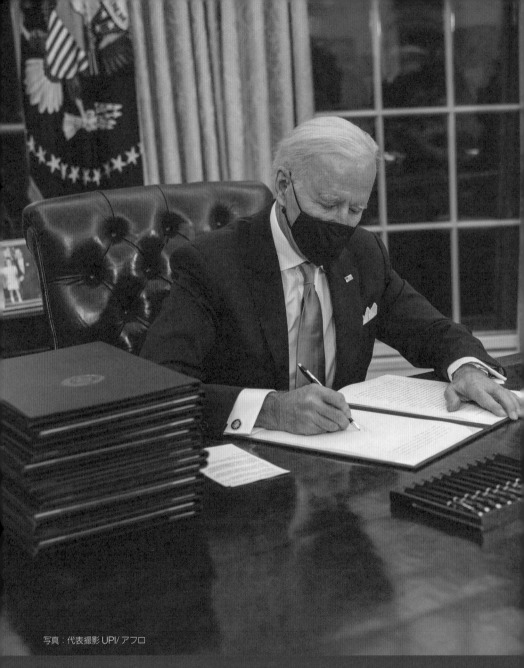

写真：代表撮影 UPI／アフロ

大統領就任初日1月20日に 17の大統領令に署名

写真：ホワイトハウス・ホームページより

大統領執務室で大統領令に署名する
バイデン大統領

　就任演説で、「山積みする課題にスピードと緊急性を持って対処する」と述べた通り、バイデン大統領は就任初日に 17、就任 3 日で 30 の大統領令や行政令などに著名した。

　大統領令は議会の承認を経なくても大統領の権限で実行できる、政策実現のための強力な武器になる。

　その武器をフルに活用して、新型コロナ対策、カナダからのパイプライン建設認可取り消し、イスラム教徒の多い国からの入国禁止の取り消し、パリ協定復帰、世界保健機構復帰、メキシコとの国境の壁の建設中止といった、America First を掲げ自国第一主義をとったトランプ政権の施策を次々と覆している。

　トランプ政権とは真逆の国際協調主義をとることを公約に掲げたバイデン政権の特徴がいち早く、連発される大統領令に見える。

保存版

キーワードでアメリカと世界を読む
完全版
バイデン大統領就任演説

写真：ロイター／アフロ

CONTENTS

史上初２回の弾劾訴追を受けた大統領
あんなことも、こんなことも言っていた
さらばトランプのTwitter

勝利演説

バイデン大統領
勝利演説

翻訳・語注　高橋勇夫

ハリス副大統領
勝利演説

翻訳・語注　山口西夏

VOAニュース記事 　翻訳・語注　山口西夏

就任式で詩を披露した最年少桂冠詩人
アマンダ・ゴーマン

連邦議会議事堂襲撃後日談、
事態はより深刻だった

トランプ後のアメリカ、共和党と民主党、
それぞれが直面する難題

電子版
映像付
▶

このページの写真提供：すべてロイター / アフロ

ファイル番号と無料音声ダウンロードの方法
簡単な登録で、音声をスマートフォンや PC にダウンロードできます。

方法1 ストリーミング再生で聞く場合

面倒な手続きなしにストリーミング再生で聞くことができます。

※ストリーミング再生になりますので、通信制限などにご注意ください。
　また、インターネット環境がない状況でのオフライン再生はできません。

❶ **http://bit.do/biden_inaugural__speech** にアクセス！

❷ アプリを使う場合はSoundCloudにアカウント登録（無料）

方法2 ZIP ファイルで音声をダウンロード

PCをご利用の方はZIPファイルで音声をダウンロードできます。

❶ **https://www.cosmopier.net/shop/** にアクセス！

❷ ログイン、または会員登録（無料）

❸ 「カテゴリ」から「ダウンロードステーション」にアクセス

❹ 「ここをクリックしてお進みください。」をクリック

❺ 書名をクリックしダウンロード

方法3 電子版を無料でダウンロードして聞く ．．．．．．．．．

右ページの『電子版ダウンロードの手順』でパソコンやスマホに電子版を
無料でダウンロードして、テキストを見ながら音声も聞くことができます。

音声ファイル番号表

バイデン大統領就任演説			
音声番号　ページ	12 ……… 42	23 ……… 118	32 ……… 142
01 ……… 20	13 ……… 44	24 ……… 120	VOA ニュース記事：連邦議会議事堂襲撃事件
02 ……… 22	14 ……… 46	ハリス副大統領勝利演説	
03 ……… 24	15 ……… 48	25 ……… 124	33 ……… 146
04 ……… 26	バイデン大統領勝利演説	26 ……… 126	34 ……… 148
05 ……… 28	16 ……… 104	27 ……… 128	35 ……… 150
06 ……… 30	17 ……… 106	28 ……… 130	36 ……… 152
07 ……… 32	18 ……… 108	29 ……… 132	37 ……… 154
08 ……… 34	19 ……… 110	VOA ニュース記事：アマンダ・ゴーマン	VOA ニュース記事：トランプ後のアメリカ
09 ……… 36	20 ……… 112	30 ……… 138	38 ……… 158
10 ……… 38	21 ……… 114	31 ……… 140	39 ……… 160
11 ……… 40	22 ……… 116		40 ……… 162

電子版とダウンロードの方法
音声ダウンロード不要 ワンクリックで音声再生!

紙版をご購入の方は電子版を無料で
お楽しみいただけます

電子版では
音声と映像も
楽しめます。

**電子版ダウンロードには
クーポンコードが必要です**

詳しい手順は下記をご覧ください。QR コードよりアクセスも可能です。

*クーポンコードは *p.*164 参照

ブラウザベース（HTML5 形式）でご利用いただけます。

★スターティアラボ社 ActiBook電子書籍（音声と映像付）です。

●対応機種
・PC (Windows/Mac)　・iOS (iPhone/iPad)
・Android (タブレット、スマート フォン)

| 電子版のみ 価格：800円（税込） |

電子版
無料!

電子版ダウンロードの手順

❶ コスモピア・オンラインショップにアクセスしてください。
（無料ですが、会員登録が必要です）

https://www.cosmopier.net/shop/

❷ ログイン後、左側の「カテゴリ」のいちばん下「電子書籍」をクリックしてください。

❸「保存版　キーワードでアメリカと世界を読む　完全版売大統領就任演説」をクリックし、画面下の「カートに加える」をクリックしてください。

❹ カートの内容をご確認のうえ、「注文手続きへ」をクリック。

❺ 画面中央の「割引クーポン」の項目の欄にクーポンコード
（*p.*164 参照）を入れ、「注文手続き」をクリックしてください。

❻ ご注文完了後、「マイページ」に電子書籍が登録されます。

Make This Democracy Sustainable

この民主主義を持続可能なものに

沢田　博（ジャーナリスト『ニューズウィーク』日本版　元編集長）

We will raise this wounded world into a wondrous one.

私たちはこの傷ついた世界を驚異の世界に育てていく。

　22歳の詩人アマンダ・ゴーマン（Amanda Gorman）は1月20日に、78歳でアメリカ大統領への就任宣誓をすませたばかりのジョー・バイデン（Joe Biden）を前に、そう力強く誓った。就任式時点でのふたりの年齢を合わせると100歳になるのは単なる偶然だが、傷を癒すのが78歳の役目なら、これからの世界を育てていくのはアマンダ世代の役目。そういうことだ。

　大統領就任式に詩人を招くのは1961年のジョン・F・ケネディ以来の伝統と聞くが、そのときはケネディが43歳で、招かれたロバート・フロストが86歳。ケネディが未来を、フロストが癒しを象徴していた。それから60年経って、今回は大統領と詩人の立場が逆転した。単なる偶然ではなく、深いメッセージを込めた演出と見るべきだろう。

 photo:KathyKafka/iStockphoto

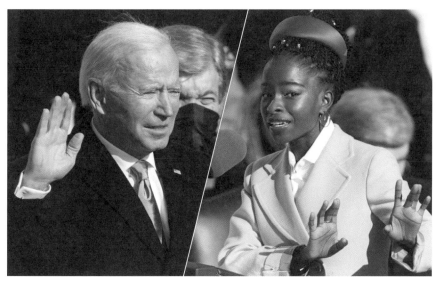

写真右・左とも：ロイター／アフロ

　前回の臨増『分断のアメリカ』＊で昨年11月の米大統領選を総括するにあたり、筆者は「『民主主義』は生き残れるか」と問い、「答えは4年後に出る」と書いた。民主主義に『　』をつけたのは、問われているのが民主主義の思想ではなく、アメリカ社会に実現された「政治・社会システムとしての民主主義」、つまり **institutionalized democracy**（制度化された民主主義）であることを明確にしたかったから。民主主義の思想そのものは、たとえアメリカがつぶれても生き残る。問題は世界一の経済・軍事大国を育て、支えてきたアメリカ型民主主義の諸制度が今後も **sustainable**（持続可能）かどうかだ。

有権者の4人にひとりは
選挙の仕組みに不信感を持っている

　見通しは、年が明けても暗かった。米 AP 通信社は昨年末にドナルド・トランプを大統領として「最もありえないタイプ（the most improbable）」だったと断罪しつつ、こう報じていた（引用は 2020 年 12 月 23 日付 *The Japan Times* から）。

＊ 2020 年 12 月刊行『多聴多読マガジン』臨時増刊号『分断のアメリカ』（弊社刊）

Current polling suggests that many Americans, and a majority of Republicans, feel that Biden was illegitimately elected, damaging his credibility as he takes office during a crisis and also creating a template of deep suspicion for future elections.

現在の世論調査を見るかぎり、今もアメリカでは多くの（共和党員では過半数の）人が「バイデンは不正な方法で選ばれた」と思っており、それがこの危機の渦中で就任する新大統領の信頼性を傷つけ、今後の選挙に対する根深い不信感を醸成してもいる。

選挙での得票率は、おおよその数字でバイデン52％、トランプ48％だった。この記事によれば、その48％の「過半数」が今もバイデン大統領の正統性を認めていない。つまりアメリカの有権者の4人にひとりは自国の「大統領を選ぶ仕組み」に不信感を抱いている。

この不信感が一時的なもの（久しぶりの共和党政権がわずか4年で終わったことへの落胆など）であればいいが、持続するようなら危険だ。サッカーの試合で審判を信用しない選手が5人も6人もいたら、まず競技は成り立たない。本気で信じていなくてもいいが、表向きは信じたふりをし、審判の判定には従う。そうでないと試合にならない。

それと同じで、ひとまず開票結果を信じ、決まったことには従うのでないとアメリカ型民主主義は成り立たない。上に引いた記事で、大統領制の歴史に詳しいリチャード・ウォーターマン（ケンタッキー大学）は選挙結果を認めない人たちを cancer（癌）と呼び、癌は除去できても、その際に体（民主主義の制度）も傷つくおそれがあると警告していた。

年明けの1月5日にはジョージア州で上院選の決選投票が行われ、2議席とも民主党の新人候補が制した。大方の予想を覆す結果で、トランプに忠実な右派はますます選挙（に代表される民主主義の諸制度）への不信感を強めたにちがいない。

翌6日には、トランプ派の暴徒が the Capitol（連邦議会議事堂）に乱入するという前代未聞の事件が起きた。主要メディアが一様に

insurrection（反乱）と呼んだ事態である。

　ちなみに公共ラジオ局 NPR の調べでは、このときの逮捕者の 20%弱は退役軍人または現役の軍人だったという。徴兵制を敷いていないアメリカでは、軍隊経験者は成人の総人口の約 7%。それに比べて、この「20%弱」という水準は不気味に高い。

共和党議員の過半数は今も「バイデンは不正な手段で大統領になった」と信じている可能性

　それでも 1 月 20 日の大統領就任式は滞りなく行われたが、2 月に始まった 2 度目の弾劾裁判の評決でトランプに反旗を翻した共和党上院議員はたった 7 人だった。1 月 6 日の議事堂乱入をトランプが incite（教唆、煽動）したという容疑は動かしがたいものだったが、それくらいの罪では大統領を impeach（弾劾罷免する）には当たらないと、共和党上院議員（50人）の大半は判断したらしい。弾劾裁判では上院議員（定員 100）が陪審員を務め、2/3（つまり 67 人）以上が有罪と認めれば弾劾罷免が成立する。だが今回の評決で有罪票を投じたのは民主党の 50 人と共和党の 7 人のみ。言い換えれば、共和党上院議員の 8 割以上（43 人）はトランプを免罪した。共和党の大統領を共和党の議員が見捨てるわけにはいかないという、なんだか日本の会社みたいな情緒的反応もあったのだろうが、先の AP 通信の記事が示唆していたように、共和党議員の過半数は今も「バイデンは不正な手段で大統領になった」と信じている可能性がある。

　そうだとすれば事態は深刻。議員も合衆国憲法への忠誠を誓っているはずだから、憲法の定めに従って粛々と行われた（とすべての州政府が認定した）選挙の結果を拒否する者に議員の資格はない。理屈としてはそういう議論になるが、それをぶつければアメリカ社会の divide（分断）は決定的になる。それは避けたいと思うから、バイデン政権は弾劾裁判をさっさと終わらせ、次の段階へ進む選択をした。そうすることで、自分の政権の

正統性を既成事実化したいからだ。それはまあ現実的な選択なのだろうが、それだけでは「有権者の４人にひとり」の選挙不信派の傷は癒えない。

　そして来年には中間選挙（日本の衆議院総選挙に相当）があり、2024 年には次の大統領選がある。そのとき選挙不信派＝アメリカ型民主主義否定派がどう動き、どれだけの影響力を発揮するか。そこで「民主主義」の持続可能性が試される。

世界中の人が brave enough でありますように

　と、ここまではアメリカ国内の話。世界に目を転じれば、バイデン政権は気候変動に関するパリ協定への復帰を表明し、トランプが脱退を決めたWHO（世界保健機関）とも協力して新型コロナウイルス対策にあたる姿勢に転じ、イランの核武装をやめさせるための多国間協議（いわゆるイラン核合意）にも再び加わる方向だ。ただし次の中間選挙や大統領選で民主党が惨敗し、**Trumpism**（トランプ主義）の共和党が復活するようなことになれば時計の針は逆戻り。同盟国や友好国の間に、やはりアメリカの「民主主義」は信用できないという思いが広がるかもしれない。

　いちばん心配なのは気候変動の問題だ。もともと共和党では「人為的な CO_2 排出による地球温暖化」を事実として受け入れない denier（否定派）が多数派を占めている。無知なのではない。人為的な温暖化という**inconvenient truth**（不都合な真実）に、あえて目をつむっている。化石燃料（とくに石油と天然ガス）がアメリカの主要産業で、産業界を基盤とする共和党はその利権を守らねばならないからだ。そうである以上、次の中間選挙で共和党が下院の過半数を取り戻した場合（大統領選で勝った党が次の中間選挙で議席を減らすのは、アメリカではよくあることだ）、2050 年までに CO_2 の人為的排出を **net zero**（実質ゼロ）にするという国際公約の実現（そして今世紀末までの平均気温上昇を「1.5 度Ｃ」までに

抑えるという目標の達成）はほとんど不可能になる。

　その場合は、リベラル派や若い世代にもアメリカ型民主主義への不信感が広がるかもしれない。だからこそ78歳のバイデン大統領は「癒し」の役に徹しなければならない。半世紀近い議員歴をもつバイデンなら、右派だけでなく左派にもくすぶる「民主主義」への不信感を癒し、分断（**divide**）の解消と多様性（**diversity**）の維持を両立させることもできるだろう。地味で、損な役回りだが、この人ならできる。今はそう信じてバイデンの4年間を見守るしかない。

　22歳のアマンダ・ゴーマンは大統領就任式での詩を、次のように結んでいた。それは4年後、いや21世紀の半ば（アメリカや日本を含む多くの国が **carbon neutral** ＝ CO_2 排出実質ゼロを達成しているはずのころ）を見据えた希望と誓いの言葉だ。

　改めて願う。世界中の人が、彼女の言うほどに brave enough でありますように。

When day comes we step out of the shade,	朝がくると　私たちはこの影から踏み出す
aflame and unafraid,	熱く輝き　恐れを知らず
the new dawn blooms as we free it.	私たちが解き放てば新たな夜が明ける
For there is always light,	そう　光は常にある
if only we're brave enough to see it,	それを見る勇気さえ私たちにあれば
if only we're brave enough to be it.	光となる勇気さえ私たちにあれば

January
20, 2021

完全版

バイデン大統領
「就任演説」

2021年1月20日の時点で、すでに40万人がコロナのために亡くなり、モールは群衆のかわりに国旗で埋め尽くされていた。そしてわずか2週間前に起きた連邦議会議事堂の襲撃事件の影響で厳戒態勢が敷かれる中、バイデン大統領の就任式が行われた。そこにはトランプ前大統領の姿はなかった。「歴史の要請に応え、時代の困難に立ち向かったと未来の人々に伝える物語になるように」とバイデン大統領は力強く語った。

写真：ロイター／アフロ

1 | This is America's day.
This is democracy's day.

今日はアメリカの日です
そして民主主義の日です

🔊 01

Chief Justice Roberts, Vice President Harris, Speaker Pelosi, Leader Schumer, Leader McConnell, Vice President Pence, my distinguished guests, my fellow Americans.

This is America's day. This is democracy's day. A day of history and hope, of renewal and resolve.

Through a crucible for the ages, America has been tested anew and America has risen to the challenge. Today, we celebrate the triumph not of a candidate, but of a cause, the cause of democracy. The people—the will of the people—has been heard and the will of the people has been heeded. We've learned again that democracy is precious. Democracy is fragile.

And at this hour, my friends, democracy has prevailed.

So now, on this hallowed ground where just a few days ago violence sought to shake the Capitol's very foundation, we come together as one nation, under God, indivisible, to carry out the peaceful transfer of power as we have for more than two centuries.

[完全版] バイデン大統領 就任演説

January 20, 2021

就任演説中のバイデン大統領
（ホワイトハウスの就任式の映像より）
＊本映像は電子版でご覧になることができます。

Chief Justice：最高裁長官
Speaker：議長
Leader：院内総務。上院と下院それぞれに多数党院内総務 Majority Leader と少数党院内総務 Minority Leader がいる。
distinguished guests：賓客、来賓。distinguish は「際立たせる」、distinguished は「功労・殊勲のある」。

crucible：るつぼ、厳しい試練
has been tested：試され（続け）てきた。この現在完了は「継続」の用法。ages が複数形であることにも注意。注意喚起のため、訳文に「さまざまな」を付した。
anew：新たに
heed...：～を心に留める
fragile：脆弱な、もろい

prevail：勝利する。ピンポイントで勝つというより、「広く力が行きわたる」という意味合い。

hallowed：神聖な。hallow... は「～を神聖な目的のために捧げる」。
Capitol：連邦議会議事堂
nation：国家、国民、民族が渾然となった概念であり訳出はいつも悩ましいが、ここは「国民」だろう。
indivisible：不可分の
carry out...：～を実行する

　ロバーツ最高裁長官、ハリス副大統領、ペローシ下院議長、シューマー（民主党上院）院内総務、マコーネル（共和党上院）院内総務、ペンス（前）副大統領、来賓の方々、そして我がアメリカ国民のみなさん。

　今日はアメリカの日です。今日は民主主義の日です。歴史と希望の日です。再生と決意の日です。

　さまざまな時代の厳しい試練をくぐり抜けて、アメリカは新たに試され続けてきました、そしてアメリカは困難な課題に立ち向かい続けてきました。今日、私たちが祝福するのは、ひとりの候補者の勝利ではありません、大義です、民主主義の大義なのです。国民の……国民の意志は声となり、そして国民の意志は聞き届けられました。私たちは再び民主主義が大切なものであることを学びました。民主主義は脆弱です。

　それでもみなさん、今、このときにおいて、民主主義は勝利しています。

　ほんの数日前、暴力がこの連邦議会議事堂のまさに土台を揺るがそうとしました。しかし、今、その神聖な場所で、私たちは、神に見守られながら、不可分のひとつの国民として集い、2世紀以上にわたって続けてきた平和的な権力の移行を行おうとしています。

2 | The American story depends on all of us.

アメリカの物語は
私たち国民の手で紡がれます

🔊 02

As we look ahead in our uniquely American way—restless, bold, optimistic—and set our sights on the nation we know we can be and we must be, I thank my predecessors of both parties for their presence here today. I thank them from the bottom of my heart.

And I know, I know the resilience of our Constitution and the strength, the strength of our nation. As does President Carter, who I spoke with last night, who cannot be with us today, but whom we salute for his lifetime in service.

I've just taken the sacred oath each of those patriots have taken—the oath first sworn by George Washington.

But the American story depends not on any one of us, not on some of us, but on all of us. On "We the People", who seek a more perfect Union.

This is a great nation. We are good people. And over the centuries, through storm and strife, in peace and in war, we've come so far. But we still have far to go.

聖書に手を当てて
宣誓をするバイデン大統領。
写真：ロイター／アフロ

set one's sights on...：〜に
狙いをつける。sights（しばしば複
数形）は「照準、目標」。

resilience：レジリエンス、回復力、
弾力。ボールが跳ね返る（rebound
する）イメージ。

As does President Carter：
does は代動詞。（厳密には助動
詞）代動詞は直近の動詞の代理をす
る。すなわち does = knows 。ま
た As 以下はSとVが倒置。すな
わち本来は As President Carter
knows「カーター大統領も知って
いるように」。

salute A for...：Aに対して〜の
ゆえに敬意を表する

in service：在職して、任務（公務、
軍役）に服して

sacred oath：神聖な誓い。
take an oath は「誓う」。take の
代わりにswearまたはmakeも可。

"We the People"：「我ら人民」。
アメリカ憲法前文の冒頭の言葉。また
2011年9月にオバマ大統領が、国民
からの請願を受け付けるために開設し
た。ホワイトハウスのウエブサイトに
も同名のものがある。いわばアメリカ
版目安箱。トランプ大統領が一時この
サイトの閉鎖を画策したことがある。

Union：和合、団結。直前にジョージ・
ワシントンへの言及があるので、アメリ
カの建国時代という文脈で考えると「合
衆国」「連邦」といったニュアンスを含む。

　私たちは、いかにもアメリカ的なやり方で、すな
わち、たゆみなく、大胆に、楽天的に未来に目を向け、
私たちに実現できる、そして私たちが実現させなけ
ればならないと知っている国のあり方に目標を定め
ます。そして、私は、民主、共和両党の大統領経験
者がこの場に列席されていることに、感謝したいと
思います。ほんとうに心より感謝いたします。

　私は、私たちの憲法の回復力、そして強さ、私た
ち国民の強さを知っています。カーター（元）大統
領もそのことはよくご存知でした。今日、この場に
はおられませんが、彼とは夕べお話をしました。元
大統領には、生涯をかけて国家に尽くされてきたこ
とに、敬意を表したいと思います。

　たった今私は、これらの愛国的な前任者の方々と同
じように、大統領就任の宣誓を行いました。その宣誓
を最初に行ったのはジョージ・ワシントンでした。

　けれども、アメリカの物語を紡ぐのは私たちの誰
かでもなければ、一部の人々でもありません。それ
は私たち全員の手によって紡がれるのです。より完
全な団結を求める「私たち国民」の手で。

　この国は偉大な国家であり、私たちは善良な国民
です。数世紀の間、嵐と争いをくぐり抜け、平和な
ときも戦争のときもありましたが、私たちはここま
でやってきました。しかし私たちには進むべき長い
道のりが、まだ残されています。

3 | We'll press forward with speed and urgency.

私たちはスピードと
緊急性をもって前進します

🔊 03

We'll press forward with speed and urgency, for we have much to do in this winter of peril and significant possibilities. Much to repair. Much to restore. Much to heal. Much to build. And much to gain. Few people in our nation's history have been more challenged, or found a time more challenging or difficult, than the time we're in now.

[A] once-in-a-century virus that silently stalks the country has taken as many lives in one year as America lost in all of World War II. Millions of jobs have been lost, hundreds of thousands of businesses closed.

A cry for racial justice some 400 years in the making moves us. The dream of justice for all will be deferred no longer.

A cry for survival comes from [the] planet itself—a cry that can't be any more desperate or any more clear. Now, a rise of political extremism, white supremacy, domestic terrorism that we must confront and we will defeat.

To overcome these challenges—to restore the soul and secure the future of America—requires so much more than words. It requires the most elusive of all things in a democracy—unity. Unity.

press forward：（困難を押し分けて）前進する

私たちはスピードと緊急性をもって前進します。なぜなら危険と重要な可能性が同居するこの冬のさなかにあって、私たちにはやるべきことが山積しているからです。修復すべきものがたくさんあります。回復すべきものがたくさんあります。癒やすべきものがたくさんあります。構築すべきものがたくさんあります。そして勝利の果実も、たくさんあります。私たちが今生きているこの時代ほど、国民が多くの試練に晒され、試練と困難が多いことを思い知らされた時代は、わが国の歴史にはほとんどありませんでした。

stalk：（獲物を求めて）忍び寄る、（病気や飢饉が）はびこる

100 年に一度のウイルスが静かにアメリカに広がっています。それはアメリカが第二次世界大戦全体で失ったのと同じ数の命を、1 年で奪いました。数百万の職が失われました。数十万の事業が破綻しました。

closed：(have been) closed

cry for...：〜を求める訴え
some 400 years in the making：約 400 年間続いている。some 400 years が in the making（進行中）を副詞的に修飾。some は「約」。
defer：延期する

およそ 400 年にわたって続いている人種的正義を求める訴えが、私たちを動かしています。すべての人のために正義が実現されるという夢の実現を遅らせることは、もうありません。

white supremacy：白人優越主義
domestic terrorism：国内テロ（リズム）。homegrown terrorism（自国産テロリズム）とも言う。

生き残りを訴える声が地球そのものから聞こえてきます。それはこの上なく必死な、またこの上なく明確な訴えです。そして今、政治的過激主義、白人優越主義、国内テロが台頭しています。私たちは必ずやそれらに立ち向かい、やがて打ち負かすでしょう。

elusive：捉えがたい、定着させにくい。elude は「すり抜ける」。

こうした困難な課題を克服するためには、すなわち魂を回復しアメリカの未来を確かなものにするためには、言葉よりはるかに多くのものが必要になります。それには、民主主義のすべての要素の中で最も定着させることが難しいものが必要になります。結束。結束です。

4 | My whole soul is in this: bringing America together.

私は全精魂を込めて、アメリカに結束をもたらします

🔊 04

In another January, on New Year's Day in 1863, Abraham Lincoln signed the Emancipation Proclamation. When he put pen to paper, the President said, and I quote, "If my name ever goes down into history, it will be for this act, and my whole soul is in it."

My whole soul is in it.

Today, on this January day, my whole soul is in this: bringing America together. Uniting our people. Uniting our nation.

And I ask every American to join me in this cause. Uniting to fight the foes we face: anger, resentment and hatred. Extremism, lawlessness, violence. Disease, joblessness and hopelessness.

With unity we can do great things, important things. We can right wrongs. We can put people to work in good jobs. We can teach our children in safe schools. We can overcome the deadly virus. We can reward—reward work and rebuild the middle class and make health care secure for all. We can deliver racial justice.

And we can make America, once again, the leading force for good in the world.

another：もうひとつの。単に「他の、別の」ではなく、同種のものを「追加」するというのが本来の意味。
Emancipation Proclamation：「奴隷解放宣言」
go down in(to) history：歴史に残る

cause：大義、信念
resentment：憤り、恨み

right：（不正を）正す

deliver：（待ち望まれているものを）届ける → 実現する

leading force：牽引役

（ワシントンの）１月にはもうひとつの出来事がありました。1863年の元日、アブラハム・リンカーンは「奴隷解放宣言」に署名しました。署名するときに、大統領は言いました。引用しましょう。「もし私が歴史に名を残すとするなら、この署名がその理由になるだろう。ここには私の全精魂が込められている」。

ここには私の全精魂が込められている。

今日、同じ１月の日において、私の全精魂は次のことに込められています。すなわち、アメリカに結束をもたらすこと。我が国民をひとつにすること。我が国家をひとつにすることです。

そして私は、すべてのアメリカ人がこれから述べる大義のもとに結集することを求めます。すなわち、私たちが直面している（共通の）敵と闘うために、怒り、憤り、憎しみ、過激主義、法の無視、暴力、病気、失業、そして希望の喪失と闘うために、結束せよ。

結束することによって私たちはいくつもの偉大なことを、いくつもの大切なことを為しえます。私たちは間違いを正すことができます。私たちは国民をよい仕事に就かせることができます。私たちは子どもたちを安全な学校で学ばせることができます。私たちは死のウイルスを退治することができます。私たちは報いることが、仕事に報い、中産階級を再建し、そして医療をすべての国民に保証することができます。私たちは人種的正義を実現することができます。

そして私たちはアメリカを、以前と同じように、世界に良いことをもたらす牽引役にすることができるのです。

27

5 | We can see each other not as adversaries, but as neighbors.

互いを敵ではなく 隣人として見ることができます

🔊 05

I know speaking of unity can sound to some like a foolish fantasy these days. I know the forces that divide us are deep and they are real. But I also know they are not new. Our history has been a constant struggle between the American ideal that we all are created equal, and the harsh, ugly reality that racism, nativism, fear, demonization have long torn us apart. The battle is perennial and victory is never assured.

Through (the) Civil War, the Great Depression, World War and 9/11, through struggle, sacrifice and setbacks, our "better angels" have always prevailed. In each of these moments, enough of us, enough of us have come together to carry all of us forward. And we can do that now. History, faith and reason show the way—the way of unity.

We can see each other not as adversaries, but as neighbors. We can treat each other with dignity and respect. We can join forces, stop the shouting, and lower the temperature.

For without unity, there is no peace, only bitterness and fury. No progress, only exhausting outrage. No nation, only a state of chaos. This is our historic moment of crisis and challenge, and unity is the path forward. And we must meet this moment as the United States of America. If we do that, I guarantee you, we will not fail.

can sound：聞こえることもある。断定しないために「可能性の can」を添えている。

to some：一部の人たちにとっては。some は不特定の「部分」。

nativism：移民排斥主義。先住者（native）を優先して後から来る者を排除しようとすること。

demonization：悪魔化。いわば「魔女狩り」。

tear apart：引き裂く。tear[téə(r)] の発音に注意。

perennial：終わりと始まりをいつまでも繰り返す。本来は「多年生植物」のこと。

"better angels"：「善良な天使たち」。リンカーンの就任演説から拝借したものだろう。南北の和解を説く一節で、リンカーンは "the better angels of our nature" に、すなわちアメリカ人共通の心性（our nature）に宿る天使的なもの（おそらく良心）に訴えている。

join forces：協力する
lower the temperature：熱を下げる → 敵意を和らげる

for：なぜなら。あとから理由を添えるときに使う。
bitterness：敵意、恨み
This is the moment...：今は〜のときである
the path forward：前進する道
meet...：〜に立ち向かう

近頃は、結束を語っても、一部の人たちには愚かな夢物語と聞こえることもあるということを、私は知っています。私たちを分断するさまざまな力は根深く、リアルなものであることを、私は知っています。しかしそれらが新しいものではないことも、私は知っているのです。私たちは皆平等に創造されたというアメリカ的理念と、長きにわたって人種差別主義、移民排斥主義、恐怖、そして魔女狩りが私たちを分裂させてきたという厳しく醜い現実、私たちの歴史はこの両者の間の闘いでした。その闘いは、いつ果てるともなく繰り返されています。勝利はけっして保証されてはいません。

南北戦争、大恐慌、世界大戦、そしてナイン・イレブン（同時多発テロ事件）がありました、戦闘、犠牲、いくつかの後退がありました、しかしいつも私たちの「（内なる）善良な天使たち」が勝利を得てきました。そうした苦難のたびに、十分な数の私たちが、ええ十分な数の私たちが結集し、私たち全員を前進させてきました。そして、今も、私たちはそうすることができるのです。歴史、信念、そして理性が道を、結束への道を教えてくれています。

私たちは、互いを、敵ではなく隣人として見ることができます。私たちは、互いに、尊厳と敬意をもって接することができます。私たちは、協力することができます、叫ぶことをやめ、怒りを鎮めることができます。

なぜなら、結束がなければ、平和もなく、ただ敵意と激しい怒りがあるだけだからです。進歩もなく、消耗的な怒りがあるだけだからです。国家もなく、混沌とした状況があるだけだからです。いま私たちは歴史的な危機と試練の渦中にあります。前に進むための方策は結束なのです。私たちはこの危機と試練に対して、アメリカ合衆国として、立ち向かわなければなりません。もしそうすれば、私はみなさんに請け合います、私たちは負けることはないと。

6 | We have never failed in America when we have acted together

結束して行動したとき、 アメリカは決して負けません

🔊 06

We have never, ever, ever, ever failed in America when we have acted together. And so today, at this time, in this place, let's start afresh. All of us. Let's begin to listen to one another again. Hear one another. See one another. Show respect to one another.

Politics doesn't have to be a raging fire destroying everything in its path. Every disagreement doesn't have to be a cause for total war.

And we must reject the culture in which facts themselves are manipulated and even manufactured.

My fellow Americans, we have to be different than this. America has to be better than this. And I believe America is so much better than this.

Just look around. Here we stand in the shadow of the Capitol dome—as was mentioned earlier—completed amid the Civil War when the Union itself was literally hanging in the balance. Yet we endured, we prevailed.

nt of the United States

nt of the United States

バイデン大統領の演説に耳を傾ける
クリントン、オバマ元大統領夫妻
（ホワイトハウスの就任式の映像より）

manipulate：操作する、ごまかす
manufacture：製造する、捏造する

in the shadow of...：〜のすぐそばに。文字通り「〜の陰になっている」もありえるが、バイデン大統領の演説直前に陽が差していたので、ここは「陰になるほどすぐそばに」という意味だろう。
hang in the balance：きわどくバランスを保っている、どちらに転ぶかわからない

　結束して行動したとき、アメリカでは、私たちは一度も、けっして、けっして、けっして敗北したことはないのです。だから今日、この瞬間、この場所で、新たな出発をしようではありませんか。私たち全員で。もう一度お互いの意見に耳を傾け合うことを始めましょう。お互いの声を聞きましょう。お互いに顔を見合わせましょう。お互いに敬意を表しましょう。

　政治は、その途上にあるあらゆるものを破壊する怒りの炎である必要はありません。意見の違いのすべてが全面的対決の大義になる必要はありません。

　そして、私たちは、事実そのものが操作されたり、捏造すらされるような文化を拒否しなければなりません。

　我がアメリカ国民のみなさん、私たちはそうしたことと一線を画さなければなりません。アメリカはそうしたことを行うほど愚かであってはなりません。そして、私は、アメリカにはそうしたことを行わない大いなる賢明さがあると信じています。

　少し周囲に目をやってください。今私たちは連邦議会議事堂ドームのすぐそばに立っています。それは、先ほど言及があったように、南北戦争のさなかに完成されました。まだ合衆国の行く末がどうなるかまったくわからないときでした。しかし私たちは粘り強く戦い続けました。私たちは勝利したのです。

7 | Here we stand looking out on the Mall...

今、私たちがいる場所は……

Here we stand looking out on the great Mall where Dr. King spoke of his dream.

Here we stand, where 108 years ago at another inaugural, thousands of protestors tried to block brave women marching for the right to vote.

And today, we mark the swearing-in of the first woman in American history elected to national office —Vice President Kamala Harris. Don't tell me things can't change.

Here we stand across the Potomac from Arlington Cemetery, where heroes who gave the last full measure of devotion rest in eternal peace.

就任式の日、アメリカ国旗で
埋め尽くされたナショナル
モール
写真：ロイター／アフロ

(National) Mall：ナショナル・
モール。ワシントン記念塔、議事堂、
キング牧師が演説をしたリンカーン
記念堂などがある公園。
Dr. King：キング博士。キング牧
師はボストン大学から博士号を取得
している。

inaugural：（特に大統領の）就任
式、就任演説
right to vote：選挙権

mark...：〜を記念する、祝う
swearing-in：宣誓（就任式）

across the Potomac：ポト
マック川の反対側に、対岸に。
Arlington Cemetery：正確に
は Arlington National Cemetery。
full measure of...：精一杯の、
十分な〜。measure は「分量」。

今私たちは、キング博士が夢を語ったナショナル・
モールが見える場所に立っています。

今私たちは、108 年前のもうひとつの大統領就任
式で、勇敢な女性たちが選挙権を求めて行進するの
を何千人もの抗議集団が阻止しようとした、その場
所に立っています。

そして今日、私たちは、アメリカ史上初めて選挙
で国家の公職に就く女性、カマラ・ハリス副大統領
の宣誓就任式を祝福しています。だから状況が変わ
ることはありえないなどと、言ってはなりません。

今私たちは、ポトマック川の向こうにアーリント
ン国立墓地が見える場所に立っています。そこには
精一杯の献身をして力尽きた英雄たちが、永遠の安
らぎの中に眠っています。

1963 年 8 月 28 日、
キング牧師のスピーチ
"I Have a Dream" が
行われた、ナショナル
モールのレフレクティ
ング・プールの周囲に
集まった人々。

8 | I will be a President for all Americans.

すべてのアメリカ人の大統領になります

08

And here we stand, just days after a riotous mob thought they could use violence to silence the will of the people, to stop the work of our democracy, to drive us from this sacred ground. It did not happen. It will never happen. Not today. Not tomorrow. Not ever. Not ever.

To all those who supported our campaign, I'm humbled by the faith you've placed in us. To all those who did not support us, let me say this: Hear me out as we move forward. Take a measure of me and my heart.

And if you still disagree, so be it. That's democracy. That's America. The right to dissent peaceably, within the guardrails of our republic, is perhaps this nation's greatest strength.

Yet hear me clearly: Disagreement must not lead to disunion.

And I pledge this to you: I will be a President for all Americans. All Americans. And I promise you, I will fight as hard for those who did not support me as for those who did.

バイデン大統領の後ろに
共和党のマコネル上院院
内総務夫妻の姿が見える。
（ホワイトハウスの就任式の映像より）

riotous mob：暴徒。riot は「暴
動」。

そして今私たちは、ほんの数日前に、暴徒らが、暴力を用いて国民の意思を沈黙させ、私たちの民主主義の機能を中止させ、そしてこの神聖な地から私たちを追い出すことができると考えた場所に立っています。そうしたことは起きませんでした。そうしたことはこれからもけっして起きないでしょう。今日は起きません。明日も起きません。永遠に起きないのです。けっして永遠に。

be humbled：身に余る光栄、恐
縮している。humble は「謙虚にさ
せる」。
hear... out：〜の話をよく聞く。
out は「徹底的に、すっかり」。*cf.*
fight it out「戦い抜く」。
take a measure of...：〜を計
る、〜の（真価を）見定める。本来
は take *the* measure of...。なお
measures は「手段、方策」。

私たちの選挙運動を支援してくださったすべてのみなさん、私はみなさんが私たちに託された信頼に身の引き締まる思いでいます。私たちを支援されなかったすべてのみなさん、こう申しあげさせてください。私たちが前進するときに、私の話をよく聞いてください。私という人間と私の思いを見きわめてください。

so be it：好きにしてくれ。強調
のために so が先頭に来て、be も
一緒に引っ張られて it（主語）の前
に出たかたち。
dissent peaceably：穏やかに
異議を唱える
guardrail：手すり、枠組み

そして、もしそれでも賛成できないというのであれば、そのときは仕方がありません。それがまさに民主主義なのですから。それがアメリカなのですから。我が共和国の手すりの内側で、平和的に異議を唱える権利は、おそらく私たちの国の最も偉大な力なのです。

それでも明確にこう申しあげなければなりません。意見の違いが分裂を招いてはならないと。

そして私はみなさんに誓います。私はすべてのアメリカ人のための大統領になります。すべてのアメリカ人のための大統領です。私はお約束します。私は、私を支援してくださった方々と同じように、私を支援してくださらなかった方々のためにも同じように一所懸命に闘います。

9 | I understand that many of you view the future with fear and trepidation.

恐怖と戦慄をもって未来に目を向けていることを理解しています

🔊 09

Many centuries ago, Saint Augustine, a saint of my church, wrote that a people was a multitude defined by the common objects of their love. Defined by the common objects of their love. What are the common objects we, as Americans, love? That define us as Americans? I think we know: Opportunity. Security. Liberty. Dignity. Respect. Honor. And, yes, the truth.

Recent weeks and months have taught us a painful lesson. There is truth and there are lies. Lies told for power and for profit. And each of us has a duty and a responsibility as citizens, as Americans, and especially as leaders—leaders who have pledged to honor our Constitution and protect our nation—to defend the truth and defeat the lies.

Look, I understand that many of my fellow Americans view the future with fear and trepidation. I understand they worry about their jobs. I understand, like my dad, they lay [in] bed, staring at the—at night, staring at the ceiling, wondering, "Can I keep my health care?" "Can I pay my mortgage?" Thinking about their families—about what comes next.

I promise you, I get it.

就任演説を聞く人々
（ホワイトハウスの就任式の映像より）

people：国民、人々、民衆。しかし国民意識の希薄なアウグスティヌスの時代を考えると、ここでは「国民」ではなく、ある共通の属性をもったゆるい集合体としての「人々、民衆」か。

pledge to...：〜すると誓う
honor：尊重する

Look：いいですか、ほら、あのね。必ずしも「見る」のではなく、注目を促す。
trepidation：戦慄、不安
health care：医療、健康管理。お金の心配をしているらしいという文脈上、keep my health care は「私の医療保険（の保険料）を払い続ける」と理解してもいいだろう。
pay a mortgage：住宅ローンを払う

I get it：そうだね、なるほど、了解

何世紀も前に、私の教会の聖者、聖アウグスティヌスは書いています。ひとつの民衆というのは彼らが愛する共通の対象によって定義される群衆であると。私たちが、アメリカ人として、愛する共通の対象とは何でしょうか？ 私たちをアメリカ人であると定義するものとは？ 私たちはその答えを知っているはずだと、私は思っています。機会、安全、自由、尊厳、敬意、名誉、そして、もちろん、真実です。

ここ最近の数週間、数カ月の間、私たちに痛みを伴った教訓を授けました。真実があり、嘘があります。権力と利益のために語られる嘘があるのです。そして私たち一人ひとりに、市民として、アメリカ人として、真実を擁護し嘘を挫く義務と責任があります。とりわけ指導者、憲法を尊重し国民を守ると宣誓した指導者の場合はそうです。

みなさん、私は、多くのアメリカ国民のみなさんが、恐怖と戦慄をもって未来に目を向けていることを理解しています。私は、人々が自分の働き口について心配しているのを理解しています。人々が、私の父と同じように、夜になると天井を見つめながらベッドに横たわり、「このまま医療サービスを受けられるだろうか？ 住宅ローンを払えるだろうか？」などと考えていることを、また彼らが家族や将来について心配していることを、私は理解しています。

大丈夫です、わかっています。

10 just for a moment, stand in their shoes

ほんの少しの間だけ
相手の身になるのです

🔊 10

But the answer is not to turn inward, to retreat into competing factions, distrusting those who don't look like—look like you, or worship the way you do, or don't get their news from the same sources you do.

We must end this uncivil war that pits red against blue, rural versus ur—rural versus urban, conservative versus liberal. We can do this if we open our souls instead of hardening our hearts—if we show a little tolerance and humility. And if we're willing to stand in the other person's shoes, as my mom would say—just for a moment, stand in their shoes.

Because here's the thing about life: there's no accounting for what fate will deal you. [There are] some days when you need a hand. There are other days when we're called to lend a hand. That's how it has to be—it's what we do for one another. And if we are this way, our country will be stronger, more prosperous, more ready for the future. And we can still disagree.

就任演説を聞くハリス副大統領と
ペンス前副大統領
（ホワイトハウスの就任式の映像より）

factions：派閥、党派、仲間内

the way you do：do は worship の代わり。the way... は *in* the way... と同じ。「〜するように、〜する仕方で」

the same sources you do：do は get your news from の代わり。

uncivil war：civil war「内戦」をもじった「未開の（野蛮な）内戦」か。uncivil は、市民としての良識や礼儀をわきまえていないこと。

pit red against blue：赤を青と闘わせる。赤は共和党、青は民主党。ちなみに名詞の pit は「穴、闘鶏場」。

harden one's heart：冷ややかな態度をとる。harden は「硬くする」。

in the other person's shoes：相手（違う人）の立場で

the thing about life：人生の真実。the thing は「真実、要点、ツボ」。

There is no accounting for...：〜を説明することはできない。there is no -ing は「〜することはできない」。*cf.* There is no knowing what he will do.「彼は何をしでかすかわからない」。account for... は「〜を説明する」。

what fate will deal you：運命があなたに何をもたらすか。deal A B は「A に B を分配する」。ここは you が A に what が B に当たる。

how it has to be：世のあるべき姿。it は事情、世事一般などを漠然と指す。

しかし解決策は、内向きになって、反目し合う仲間内の中に引きこもることではありませんし、また見た目があなたと異なる人たち、あなたと同じやり方で礼拝しない人たち、あなたと同じ情報源から情報を得ていない人たちを疑うことでもありません。

私たちは赤組を青組と闘わせ、地方と都会、保守派とリベラル派を対決させる、このような「未開の内戦」を終わらせなければなりません。心を硬くしないで魂をオープンにすれば、私たちはそうすることができます。少しの寛容さと謙虚さがあればいいのです。そして相手の身になってやろうと思うだけでいいのです。私の母親がよくそう言っていました。ほんの少しの間だけ相手の身になるのです。

なぜなら、ここにこそ人生の真実があるからです。運命があなたに何をもたらすかはわかりません。人の協力が必要なときがあります。協力を求められるときもあります。それが世のあるべき姿なのです。私たちはそのようにして共存しなければならないのです。そして、もし私たちがそのようにすれば、私たちの国はもっと強くなり、もっと繁栄し、もっと将来に対する備えができるようになるでしょう。そして、それでもなお意見の違いが残ることはありえるのです。

11 | America has been tested and we have come out stronger for it.

アメリカは試練を受けて、より強くなって世界に戻ってきました

🔊》 11

My fellow Americans, in the work ahead of us, we're going to need each other. We need all our strength to pre—to persevere through this dark winter. We're entering what may be the toughest and deadliest period of the virus. We must set aside politics and finally face this pandemic as one nation. One nation.

And I promise you this: as the Bible says, "Weeping may endure for a night, but joy cometh in the morning."

We will get through this together. Together.

Look, folks, all my colleagues I served with in the House and the Senate up here, we all understand the world is watching—watching all of us today.

So here is my message to those beyond our borders: America has been tested and we have come out stronger for it. We will repair our alliances and engage with the world once again. Not to meet yesterday's challenges, but today's and tomorrow's challenges. And we'll lead not merely by the example of our power, but by the power of our example. We will be a strong and trusted partner for peace, progress and security.

persevere through... : 頑張って〜を切り抜ける

set aside... : 〜を脇に置く、棚上げする

"Weeping may endure..." :
『旧約聖書』「詩編 30 : 5-6」からの引用。日本聖書協会の「新共同訳」（1988）によると「詩編 30 :
5-6」は以下の通り。

主の慈しみに生きる人々よ
主に賛美の歌をうたい
聖なる御名を唱え、感謝をささげよ。

ひととき、お怒りになっても
命を得させることを御旨としてくださる。
泣きながら夜を過ごす人にも
喜びの歌と共に朝を迎えさせてくださる。

alliance : 同盟
engage with... : 〜に関与する
the example of our power :
「力の模範」、すなわち力を誇示すること。the power of our example
は「模範の力」、すなわち手本を示すこと。
security : 安全。国際政治の文脈では概ね「安全保障」。

　我がアメリカ国民のみなさん、私たちのこれからの仕事には、互いの協力が必要になります。この暗い冬を頑張って切り抜けるためには、私たち全員の力が必要になります。私たちは、たぶん最も厳しく最も死者が多くなるウイルス感染の時期に、差しかかっています。私たちは、政治を棚上げして、ひとつの国家として結束して、ええひとつの国家です、このパンデミックに決然と立ち向かわなければなりません。

　そこで私は次のことをみなさんにお約束します。聖書にあるように、「夜は嘆き悲しみ続けていても、朝とともに喜びが来る」のです。

　この厳しいときを乗り越えましょう、みんなで一緒に。そうです、みんなで一緒にです。

　さて、国民のみなさんも、そしてこちらに見える下院と上院で私の同僚だったみなさんも、私たちの誰もが、今日、世界が注目していることを、私たち全員に世界が注目していることを理解しています。

　そこで、国境の向こうにいる方々にメッセージを差し上げます。アメリカは試練を受けて、それゆえに私たちはより強くなって戻ってきました。私たちは同盟関係を修復し、再び世界に関与します。昨日の試練に立ち向かうためにではなく、今日と明日の試練に立ち向かうためにです。私たちは、私たちの力の模範だけではなく、模範の力によっても導いて行きます。私たちは、平和、発展、安全保障のための、力強く、信頼の置けるパートナーになります

41

12 | let's say a silent prayer

黙祷を捧げます

🔊 12

Look, you all know we went through so much in this nation. And, [as] my first act as President, I'd like to ask you to join me in a moment of silent prayer [to] remember all those we lost in this past year to the pandemic. Those 400,000 fellow Americans—moms, dads, husbands, wives, sons, daughters, friends, neighbors and co-workers.

We will honor them by becoming the people and the nation we know we can and should be. So I ask you, let's say a silent prayer for those who've lost their lives and those they left behind, and for our country.

Amen.

黙祷を捧げるバイデン大統領
（ホワイトハウスの就任式の映像より）

silent prayer：黙祷
all those we lost (in this past year) to the pandemic：（この1年で）私たちがパンデミックで失った人々。*cf.* She lost her brother *to* cancer.（彼女はがんで兄を失った）
400,000：この日から約1カ月後の2021年2月22日にはアメリカ人の死者の数は50万人を超えた。この数は第一次世界大戦、第二次世界大戦、ベトナム戦争の死者の合計を上回った。

黙祷中、風に揺れる
モールを埋め尽くしたアメリカの国旗
（ホワイトハウスの就任式の映像より）

お願いがあります。みなさんもご承知のように、私たちはこの国でとても多くのことを経験しました。そして私は、大統領としての私の最初の仕事として、この1年で私たちがパンデミックで失った人々のために、40万人の我がアメリカの国民のために、母と父たち、夫と妻たち、息子と娘たち、友人、隣人、そして同僚たちのために、黙祷を捧げたいと思います。どうかみなさんもご一緒にお願いします。

私たちは、そうなることができ、そうならなければならないと知っているアメリカの国民と国家になります。そうすることで、私たちは、これらの人々に敬意を表します。亡くなった人々、残された人々、そして私たちの国家のために、黙祷を献げます。

…………………（黙祷）

アーメン。

13 | Will we pass along a new and better world to our children?

子どもたちにもっとよい世界を 手渡せるでしょうか

🔊 13

Folks, it's a time of testing. We face an attack on our democracy and on truth. A raging virus. Growing inequity. The sting of systemic racism. A climate in crisis. America's role in the world. Any one of these would be enough to challenge us in profound ways. But the fact is we face them all at once, presenting this nation with the—one of the gravest responsibilities we've had. Now we're going to be tested.

Are we going to step up? All of us? It's time for boldness, for there is so much to do. And this is certain: I promise you, we will be judged, you and I, by how we resolve these cascading crises of our era.

"[Will we] rise to the occasion is the question." Will we master this rare and difficult hour? Will we meet our obligations and pass along a new and better world to our children? I believe we must. I'm sure you do as well. I believe we will.

inequity：不公正（平）
systemic：体系的な、組織全体
に浸透した

all at once：一斉に、同時に
present A with B：A に B を
提示する、突きつける

this：これから述べること、以下の
点。this は時間的、心理的に近いも
のを指すが、これから言及されるこ
とを指す場合が多い。
cascading：滝のように落ちてくる
crises：crisis の複数形。スペリ
ングに注意。

rise to the occasion：難局を
乗り切る。rise to... は「〜に応じ
て起つ、対処する」。
meet obligations：責任・債務
を果たす。meet... は「〜に立ち向
かう、〜を叶える」。
you do as well：みなさんもそ
うする。as well は too とほぼ同じ。

みなさん、今は試練のときです。私たちは民主主
義と真実に対する攻撃に直面しています。猛威を振
るうウイルス。拡大する格差。蔓延する人種差別主
義による痛み。危機的状況の気候。世界におけるア
メリカの役割。これらの、いずれかひとつでも、私
たちに深刻な試練をもたらすには十分でしょう。し
かし、実は、私たちはそれらの試練のすべてに、同時に、
直面しているのです。この国に、これまでに経験した
中で最も重い責任のひとつが突きつけられています。
これから私たちは試練を受けることになるでしょう。

みなさん、もっと強くなりましょう。みんなで強
くなるのです。大胆になるときです。なぜなら、為
すべきことがとてもたくさんあるからです。確かな
ことがあります。私は断言します、滝が落ちるよう
に押し寄せる私たちの時代の危機を、どのように解
決するかによって、私たちは、みなさんも私も、審
判されることになるでしょう。

私たちがこの難局を乗り切れるかどうかが問われ
ています。私たちはこの希有にして困難な時代に打
ち克つでしょうか？　私たちは自分たちの責任を果
たして、子どもたちにもっとよい新しい世界を手渡
すでしょうか？　私たちはそうしなければならない
と、私は信じていますし、間違いなくみなさんはそ
うするだろうと、確信しています。私は、私たちは
そうすると信じているのです。

14 | "American Anthem," I gave my best to you.

アメリカ賛歌——
私はあなたに全力で尽くしました

🔊 14

And when we do, we'll write the next great chapter in the history of the United States of America. The American story. A story that might sound something like a song that means a lot to me. It's called "American Anthem," and there's one verse that stands out, at least for me, and it goes like this:

The work and prayers

of [centuries] have brought us to this day

What shall be our legacy?

What will our children say?…

Let me know in my heart

When my days are through

America

America

I gave my best to you.

Let's add, let us add our own work and prayers to the unfolding story of our great nation. If we do this, then when our days are through, our children and our children's children will say of us, "They gave their best. They did their duty. They healed a broken land."

もしそうすれば、私たちは、アメリカ合衆国の物語に新しい偉大な1章を書き加えることになるでしょう。アメリカの物語です。その物語は、私にとって大きな意味をもつ、ある曲のように聞こえてくるかもしれません。それは「アメリカ賛歌」という曲です。少なくとも私には訴えかけてくる歌詞の一節があります。引用しましょう。

数世紀をかけた努力と祈りが

私たちに今日のこの日をもたらした

私たちのレガシーは何だろう？

私たちの子どもたちは何と言うだろう？……

そっと教えてください

私の命が果てるときに

アメリカ

アメリカ

私はあなたに全力で尽くしました

　さあ、私たちの努力と祈りを、この偉大な国の物語の新しいページに加えようではありませんか。そうすれば、私たちが生涯を終えるとき、私たちの子どもや孫たちは、私たちについてこう言ってくれるでしょう。「彼らは最善を尽くした。彼らは彼らの義務を果たした。彼らは破壊された国土を癒やした」。

"American Anthem"：「アメリカ賛歌」。1998年にジーン・シェア Gene Scheer によって作られた曲。国家のために尽くすことを訴えている。なおアメリカの国歌（National Anthem）と混同しないように注意。ちなみにアメリカの国歌は *The Star-Spangled Banner*（「星条旗」）。

stands out：突出する、際立つ →訴えかける

in (one's) heart：ひそかに
my days are through：
my days は「私の時代、生涯」、through は「終わって」。

unfolding：展開していく、これから明らかになる。fold は「折りたたむ」。

15 | With purpose and resolve, we turn to those tasks of our time.

目的と決意をもって時代の責務に立ち向かうのです

(🔊)) 15

My fellow Americans, I close today where I began—with a sacred oath. Before God and all of you I give you my word. I will always level with you. I will defend the Constitution. I'll defend our democracy. I'll defend America. And I will give all, all of you—keep everything I do in your service, thinking not of power, but of possibilities. Not of personal interest, but the public good.

And together, we shall write an American story of hope, not fear. Of unity, not division. Of light, not darkness. A story of decency and dignity. Love and healing. Greatness and goodness.

May this be the story that guides us. The story that inspires us.

And the story that tells ages yet to come that we answered the call of history. We met the moment. Democracy and hope; truth and justice did not die on our watch, but thrived. That America secured liberty at home and stood once again as a beacon to the world. That is what we owe our forebears, one another, and generation[s] to follow.

So, with purpose and resolve, we turn to those tasks of our time. Sustained by faith. Driven by conviction. And devoted to one another and the country we love with all our hearts.

May God bless America and may God protect our troops.

Thank you, America.

give you my word：give one's word は「誓う」。
level with...：〜と同じ高さにする → 〜と率直に接する → 〜に本当のことを言う
keep everything I do in your service：私の行いのすべてをあなたの役に立て続ける。keep (A：everything I do) (B：in your service) と考える。keep A B で「A を B の状態に保つ」。なお、やや混乱した I will give all... in your service の一節は、「公式」のスピーチ原稿ではあっさり、I will give my all in your service となっている。

ages yet to come：未来の時代、来たるべき世代。yet to come は「まだ来ていない、将来の」、ages は「世代」と解釈してもよい。
on our watch：私たちが当番（職務）に就いている間は。cf. off watch「非番で」。
forebears：（通例、複数形）先祖

　我がアメリカ国民のみなさん、終わりに、この演説を始めたところに戻り、神聖な誓いの言葉を述べます。神とすべてのみなさんの前で、誓います。私はつねにみなさんに本当のことを言います。私は憲法を護ります。私は私たちの民主主義を護ります。私はアメリカを護ります。私は、全力を尽くしてみなさんすべてのお役に立ちます。権力ではなく可能性を、私的な利益ではなく公共の利益を念頭に置いて。

　さあ、一緒にアメリカの物語を書きましょう、恐怖ではなく希望についての物語を。分断ではなく結束についての、闇ではなく光についての、品位と威厳についての物語を。愛と癒やしについての、偉大さと善良さについての物語を。

　どうかそれが私たちを導く物語になりますように。私たちを奮い立たせる物語になりますように。

　私たちが歴史の要請に応えたと、私たちが時代の困難に立ち向かったと、民主主義と希望、真実と正義は、私たちが、見守っている間は滅ぶことなく、盛んになったと、私たちのアメリカは国内の自由を確かなものにして、世界の航路標識として再び起ち上がったと、未来の人々に伝える物語になりますように。それらのことは私たちが、私たちの先祖に、私たちお互い同士に、そしてこれからの世代に負っている義務なのです。

　だからこそ、目的と決意をもって、私たちは私たちの時代の責務に取り組むのです。信仰に支えられながら。信念に励まされながら。そして、お互い同士に、私たちが愛するこの国に、心を込めて献身しながら。

　神よ、アメリカに祝福を、私たちの兵士にご加護を。

　ありがとう、アメリカ。　（翻訳・語注 / 高橋勇夫）

テーマ別

アメリカと世界を読むためのキーワード300

沢田　博
（ジャーナリスト、『ニューズウィーク日本版』元編集長）

これからの、アメリカ、世界、そして世界と関わる中での日本の状況を理解するためのキーワードを分野別に取り上げた。

Key Words 300

① コロナ危機

☐3Cs

「3密」。closed space（密閉）、crowded place（密集）、close contact（密着）。日本政府の提唱した語で、国際的にも流通している。

☐anti-vaxxer

「反ワクチン派」。ワクチンは危険だと考え、接種を拒む人たち。実際、どんなワクチンにも一定の副作用のリスクが潜む。

☐ Big Pharma

「（米ファイザー [Pfizer] などの）大手製薬会社」。ワクチンは開発費用がかかるわりに利益率が低く、しかも大量生産が必要なので大手企業の関与が不可欠。

☐business suspension request

「休業要請」。日本政府が緊急事態宣言下で民間企業に出した営業自粛の要請で、強制力を伴わない。→ lockdown

☐CDC

「疾病管理予防センター（Centers for Disease Control and Prevention）」。公衆衛生に関する独立性の高い司令塔で、感染症だけでなく生活習慣病なども対象とする。アメリカでは各州にセンターがあり、全体の本部がアトランタにある。中国や台湾にも同様の組織があるが、日本にはない。

☐clinical trial

「臨床試験（治験）」。開発中の新薬やワクチンを実際に人体に投与し、その効果や安全性を確認するプロセス。

☐cluster

「集団感染を起こした人たちの集団」。

☐ common cold

「（一般的な）風邪」。

☐coronavirus

「コロナウイルス」。その形状が電子顕微鏡で見ると王冠（crown）に似ていることに由来する名称。ヒトへの感染が知られているのは7種で、風邪の原因ウイルス4種に加え、SARS と MERS、COVID-19 のウイルス。→ MERS, SARS, SARS-CoV-2

☐COVAX

「コヴァックス」。COVID-19 Vaccines Grobal Access の略。WHO が提唱、世界各国が参加する新型コロナウイルス用ワクチンの共有計画。ワクチンの開発国や富裕国による独占を避け、途上国・貧困国にも平等にワクチンが供給されるようにする仕組み。理念は崇高で正しいが、実際に大国のエゴを抑えるのは難しい。→ vaccine inequality, vaccine nationalism

☐COVID-19

「新型コロナウイルス感染症」。

photo:Ca-ssis/iStockphoto

Coronavirus Disease 2019 の略（本格的な流行は 2020 年だが、ウイルスの発見は 2019 年末だった）。最近は単に **COVID** と呼ぶことが多い。

□ cross-species transmission

「異種間伝播」。種（**species**）の違いを越えてウイルスが感染すること。新型コロナウイルスは本来の宿主（**host**）から食用動物を経てヒトに感染したと考えられている。→ host jump

□ curfew

「外出禁止」。いわゆる都市封鎖（**lockdown**）に伴う措置のひとつで、通常は夜間の一定時間の外出を禁止する（昼間の外出は「制限」のみ）。

□ cytokine storm

「免疫（サイトカイン）ストーム、免疫暴走」。体内に侵入したウイルスと戦うなかで免疫系が暴走（過剰反応）し、健康な臓器まで傷つけてしまう現象。新型コロナウイルス感染症では、免疫ストームのために呼吸器系以外の臓器でも深刻な症状が出やすいとされる。こうした症状はウイルスが体内から排除され、陰性になった後も持続する可能性がある。新型コロナウイルス感染症の「後遺症」の一部には免疫ストームの関与が疑われる。

□ death toll

「死亡者数」。単に **toll** ということもある。

□ epicenter

「（地震の）震源地、（感染症の）発生地」。新型コロナウイルスの場合は中国の武漢。→ Wuhan

□ epidemiology

「疫学」。感染症の予防・管理を目的とする医学の一分野。

□ essential workers

「必須労働者」。生活やインフラなどの維持に必要不可欠な仕事に従事する人。医療関係者、清掃作業者、配送業者、一部の小売店員など。

□ FDA

「米食品医薬品局」。Food and Drug Administration の略称。アメリカでワクチンや治療薬の承認にあたる政府機関。

□ healthcare collapse

「医療崩壊」。患者の急増による病床・医療器具の不足、医療従事者の罹患や過労による人手不足で公衆衛生の維持が不可能になること。

□ herd immunity

「集団免疫」。特定の感染症の爆発的な流行を防ぐに足る人（通常は人口の 60 ～ 80％とされる）が免疫をもっている状態。ワクチン接種は人工的に集団免疫を作り出す手段。

□ host jump

「宿主ジャンプ」。ウイルスなどが異なる種の動物に越境感染すること。ウイルスは単体では生存できず、宿主（**host**）の細胞内に侵入して増殖する。通常は同一種の間で感染するが、時に宿主ジャンプが起きる。→ **cross-species transmission**

□ infection route

「感染経路」。感染症対策ではこれの特定

(identification) と追跡 (tracking) が不可欠とされる。→ cluster

□infectious disease

「感染症、伝染病」。

□inoculate

「(ワクチンなどを) 接種する、(思想などを) 吹き込む、感化する」。名詞形は inoculation。"It's not yet clear whether Mr. Putin, 68, has been inoculated or not." という文章はなかなか意味深長で、ふつうに読めば「68 歳のプーチン大統領が接種を受けたかどうかは現時点で定かでない」の意だが、「誰かに感化され (操られ) ているかどうかは定かでない」という皮肉な意味にも取れる。

□lockdown

「ロックダウン、強制力のある都市封鎖」。→ business suspension request

□mask mandate

「マスク着用の義務づけ」。

□medical supply

「医療用品」。マスクや個人防護具 (PPE) に加え、清潔な水や薬品、使い捨ての医療器具なども含む。→ PPE

□MERS

「中東呼吸器症候群」。Middle East Respiratory Syndrome の略。2012 年にサウジアラビアなどで発生。ラクダからの異種間伝播でヒトに感染した。→ coronavirus, SARS, SARS-CoV-2

□mortality rate

「死亡率」。死亡者数を感染者数で割ったもの。ただし新型コロナウイルスでは無症状の感染者が多いので感染者数の把握が困難で、死亡率も推定の域を出ない。

photo:Leo Cunha Media/iStockphoto

ロックダウン中のニューヨーク・マンハッタン。人影がまばらだ。

□ national emergency

「(日本で言う) 国家緊急事態」。いわゆる「非常事態」と似ているが強制力を伴わない。→ state of emergency

□ natural immunity

「自然免疫」。innate immunityとも言う。「侵入してきた病原体に生来の免疫系が働いて退治する能力。風邪をひいたときの発熱は自然免疫が効いている証拠。新型の病原体には不十分な場合があり、そうすると重症化する。

□ negative

「(ウイルスなどの検査で) 陰性 (の)」。

□ new normal

「新常態、新しい日常」。本来の "new normal" はスマートフォンの登場などで大きく変わった社会・経済のあり方を指す。「新常態」は中国政府の用語で(従来のような2桁成長が不可能になり)7～8%程度の経済成長を前提とした社会を指す。東京都は感染症を乗り越え、感染拡大を防止する習慣として、「新しい日常」を呼びかけている。

□ night mayor

「夜の市長」。director of nightlife=DONとも言う。市内のナイトライフ産業(ナイトクラブやディスコ、バー、レストランなど)の活性化を指揮し、管理・監督する役職。アムステルダムやロンドン、ニューヨークなどで、歓楽街を犯罪の温床(取締りの対象)から成長産業(支援の対象)に変えるために創設された。

□ Nightingale, Florence

「フローレンス・ナイチンゲール」。看護師のシンボル的存在。「病院が患者に害を与えてはならない」を信条とした彼女の生誕200年に当たる2020年に新型コロナウイルスが流行し、世界中で院内感染が起きたのは皮肉な巡り合わせ。

□ novel coronavirus

「新型コロナウイルス」。→ SARS-CoV-2

□ Operation Warp Speed

「光速作戦」。warp は「(かぎりなく光速に近い状態で生じる時空のゆがみ」を意味するので、warp speed は「光速」とほぼ同義。短期間でワクチンを開発させるためにトランプ政権が仕掛けた作戦で、開発資金の潤沢な提供と新薬承認プロセスの簡略化を柱とする。ちなみに、人為的に光速や warp speed を実現することに成功した例はない。

□ pandemic

「感染症の世界的流行、パンデミック」。

□ pathogen

「病原 (体)」。

□ PCR test

「PCR検査」。ポリメラーゼ連鎖反応 (polymerase chain reaction) 法によるウイルス検査。ウイルスを急速培養し、その遺伝子を特定する。新型コロナウイルスの感染検査に標準的に用いられている。

□ positive

「(ウイルスなどの検査で) 陽性 (の)」。

□ PPE

「個人防護具」。personal protective equipment の略。医療用マスク、手袋、防護服など。→ medical supply

public health

「公衆衛生」。

quarantine

「隔離、検疫」。新型コロナウイルス対策では多くの人が self quarantine（自主隔離）を強いられた。

SARS

「重症急性呼吸器症候群」。Severe Acute Respiratory Syndrome の略。2003 年に香港や中国本土で流行し、1000 人弱の死者を出した。

SARS-CoV-2

「重症急性呼吸器症候群コロナウイルス2型」。新型コロナウイルス（COVID-19）のウイルスの正式名称。→ COVID-19, novel coronavirus

social distancing

「ソーシャルディスタンス、社会的距離の確保」。当初は 2 メートル（アメリカでは 6 フィート）とされたが、今は 1 ～ 1.5 メートルでよいとされる。

photo:Michael Vi/iStockphoto

soft lockdown

「強制力を伴わないロックダウン」。日本で言う「自粛」のこと。

Sputnik V

「スプートニク5」。ロシアで開発された新型コロナウイルス感染症用のワクチン。通常の臨床試験プロセスを省いて、アメリカより先に実用化した。「スプートニク」はソ連（ロシアの前身）が 1957 年に、アメリカに先駆けて打ち上げに成功した人工衛星の名称。欧米製のワクチンより安いので途上国に普及している。

state of emergency

「（国際的通念としての）非常事態」。大規模災害や疫病、戦争・内乱などに対処するため一時的に国民の権利を制限した状態。

stay-at-home

「自宅待機」。主として「感染予防のための外出自粛」を指すが、いわゆる濃厚接触者などに課される強制的な自宅待機も含む。→ lockdown, soft lockdown

surgical mask

「手術用マスク」。アメリカの場合、医療現場のウイルス対策では別途 N95 という規格のマスクが必要とされる。

therapeutic medication

「治療薬」。

tracking app

「接触確認（感染追跡）アプリ」。PCR 検査で感染が確認された人がいた場合に、その人と接触歴のある人に通知するスマホ用のアプリ。台湾では感染抑制に有効だったとされるが、日本製の接触確認アプリ COCOA は不備があったとされる。

transmission routes

「感染経路」。どこで、どのように、誰

アメリカでは 2020 年 12 月 14 日からワクチン接種が始まった。
写真はワクチン接種に並ぶ人々の列。

photo:GummyBone/iStockphoto

が感染したかを示すルート。これの特定が感染拡大を止めるカギとされる。
→ cluster

☐ vaccine inequality

「ワクチン格差」。ワクチンの接種を受ける可能性に生じる不公平。経済力によって、国によってもさまざまな不公平が生じる。

☐ vaccine nationalism

「ワクチン・ナショナリズム」。一部の富裕国が財力と政治力で大量のワクチンを抱えこむこと。これによってワクチン格差が広がれば貧困国では医療従事者もワクチン接種を受けられず、パンデミックの終結は遅れる。→ vaccine inequality

☐ vaccine

「ワクチン」。→ anti-vaxxer, Big Pharma

☐ ventilator

「（高度医療用の）人工呼吸器」。

☐ virus response

「政府によるウイルス対策」。オーストラリアの某シンクタンクによれば、日本のウイルス対策は世界 98 カ国中 45 位とされる。

☐ WHO

「世界保健機関」。World Health Organization の略称。米トランプ政権は新型コロナウイルス対策を不満として脱退を表明したが、バイデン政権はそれを撤回・復帰。

☐ Wuhan

「武漢」。中国・湖北省の中心都市で工業・交通の要衝で、新型コロナウイルス感染の発生地とされる。→ epicenter

☐ Wuhan lab theory

「新型コロナウイルスが武漢のウイルス研究所から（もしかすると人為的に）流出したとする説」。科学的な根拠はないが、当時の米トランプ大統領が流布した。

Key Words 300

② 地球温暖化危機

☐ 314 Action

「スリーワンフォー・アクション」。科学者の代表を議会に送ろうというアメリカでの運動。科学への無理解・反発による政策の遅れや研究予算の削減に危機感を抱く科学者たちが始めた。「314」は円周率を表す数字。

☐ ambitious, vague

「壮大だが曖昧（あいまい）」。各国政府がパリ協定に従って掲げる CO_2 排出削減「目標」を批判的に形容した語。→ Paris Agreement

☐ business as usual

「ふだんどおり」。略して BAU とも言う。化石燃料の使用削減に特別な取り組みをしないで従来どおりビジネスを続けること。国連の議論では、このまま BAU で行くのは「最悪のシナリオ」とされ、その場合は 2100 年段階で地球の平均気温は産業革命以前の時期に比べて摂氏 3 度以上も高くなるという。

☐ carbon emission

「CO_2（など）の排出」。より温室効果の高いメタンガスなども CO_2 に換算して排出量を算出することが多い。

☐ carbon footprint

「CO_2 の排出量」。ここでは人類が地球に与える負の影響を footprint（足跡）と呼ぶ。国や自治体、産業や製品ごとに「足跡」を算出できるが、その計算基準は必ずしも統一されていない。

☐ carbon neutrality

「カーボン・ニュートラル」。人為的な CO_2 排出量と回収量を相殺し、排出実質ゼロ（net zero）になった状態。

☐ carbon tax

「炭素税」。化石燃料に含まれる炭素の量に課される料金。課税によって炭素の価格が上がれば消費（の結果としての CO_2 排出）が抑制され、地球温暖化にブレーキがかかると期待されている。日本でも 2021 年から新たな炭素税を導入予定だったが、新型コロナウイルスによる経済混乱を受けて延期された。

☐ climate change

「（長期にわたる地球規模の、主として人為的な）気候変動」。この「気候」には気温に加えて降水量や日照時間なども含まれる。

☐ climate migrant

「気候移民」。気候変動の影響で移住を強いられる人。気温の上昇や氷河の後退で水源が涸れたり、作物の育ちが悪くなるなどして先祖伝来の耕作地を捨てて行く農民など。このままだと今世紀末までに 10 億人が気候移民と化すとの試算もある。

☐ Climate Vulnerable Forum

「気候脆弱性フォーラム」。気候変動による海面上昇や極端な干ばつなどで、このまま

photo:NiseriN/iStockphoto

だと今世紀末までに消滅しかねない諸国の連合体。太平洋やインド洋の小さな島しょ国、サハラ以南のアフリカ諸国など50弱の国で構成する。

☐ COP

「締約国会議」Conference of the Parties の略。気候変動の議論では UNFCCC の締約国会議を指す。年に1度開かれ、COP26 のように cop の後ろにつく数字で回数を表す。→ IPCC, UNFCCC

☐ decarbonization

「脱炭素化」。CO_2 を排出する化石燃料の使用を減らしていく動き。国際社会の合意したパリ協定は今世紀後半に CO_2 排出量を実質ゼロにする目標を掲げる。一部の企業は実際に使用電力のすべてを再生可能エネルギーでまかなっているが、国家レベルでの 100% 脱炭素化を実現するのは難しい。

☐ deforestation

「(人為的な伐採による)森林破壊」。とくに南米アマゾン川流域や東南アジア、アフリカでの開発目的による大規模な伐採を指す。CO_2 を吸収する森林の喪失は大気中の温室効果ガス濃度の上昇につながる。

☐ deniers

「否定派」。地球温暖化に関する科学的な知見を頭から否定(deny)してかかる人たち。米共和党の支持層ではまだ否定派が多数を占める。

☐ environmental health

「地球環境の健康状態」。気候変動や人口の増加、開発、都市化などが地球の健康をむしばんでいる。

☐ ESG

「環境(environment)、社会(society)、企業統治(governance)の略」。この3つを基準に投資先を選別することを「ESG 投資」と呼ぶ。

☐ extractive industry

「採取産業」。石油・石炭をはじめ、限りある天然資源を取り出すだけで補充しない産業。近年では観光も採取産業に含める考え方がある。観光資源も有限で、簡単に生み出せるものではないからだ。

☐ extreme weather

「(とくに極端な)異常気象」。長期の気候変動と関連があると考えられるが、地域的な要因が複雑に絡み合って起きる。

photo:Armastas/iStockphoto

☐ Fire Drill Fridays

「金曜日の消火訓練」。カリフォルニアなどで毎年夏に発生する大規模な山火事に触発され、グレタ・トゥンベリらの若い世代に連帯する形で 80 代の女優ジェーン・フォンダが始めた地球温暖化阻止の抗議行動。毎月最初の金曜日などに首都ワシントンの議事堂前で集会を開いている。→ Greta Thunberg

☐ fossil fuel

「化石燃料」。石油も石炭ももとをただせ

ば太古の森の樹木の死骸。化石燃料の使用は植物たちの墓場荒らしに等しい行為。

☐ fracking

「フラッキング」。頁岩（シェール）層に含まれるガス・石油を採取するために水圧で岩盤を破砕する工法。その際に使用する薬剤による環境汚染が懸念され、禁止している国もある。アメリカはこれを利用することで世界一の石油産出国に返り咲いた。

☐ Fridays for Future

「未来のための金曜日」。金曜日は学校の授業を休んで地球の未来を考えようという若者たちの運動で、世界各地に広がっている。→ Greta Thunberg

☐ fuel cell

「燃料電池」。水素と酸素の化学反応で発電する仕組みなので、排出するのは水だけ。燃料電池を搭載した電動車両は FCV (fuel cell vehicle) と呼ばれる。→ ZEV

☐ global warming

「地球温暖化」。地球の平均気温が長期的に上昇すること。人為的な気候変動の影響を測定する主要な指標となる。

☐ green goods

「緑の製品、地球温暖化の阻止に役立つ製品」。太陽光発電用のパネル、風力発電用のタービン、電動車両なども含まれる。

☐ green New Deal

「緑のニューディール政策」。1930 年代のアメリカ政府によるニューディール政策は公的資金の大規模な投入によって景気回復をはかるものだったが、それと同様に公的資金を大胆に投入して緑の（つまり化石燃料に頼らず再生可能エネルギーを最大限に活用する）エネルギー政策を実行するという考え方。アメリカでは民主党左派の主張なので、中道派のバイデン政権はこの語を使わないが、実質的にはこれに近い政策を採用するものと期待されている。

☐ greenhouse gas

「温室効果ガス」。代表的なのは CO_2 だが、メタンガスのほうが温室効果は何倍も高い。→ heat-trapping gas

☐ greenwashing

「環境配慮のふり、偽エコ」。「疑惑隠し」を意味する whitewash（原義は「汚れた壁に白い漆喰を塗る」の意）から派生した語で、実際は環境破壊や地球温暖化に加担しているのに「当社は環境保護に努めています」と主張する虚偽宣伝を指す。

☐ Greta Thunberg

「グレタ・トゥンベリ」。スウェーデンの女子高校生で、金曜日に授業を放棄して地球温暖化について考えようという「未来のための金曜日」を始めた。ツイッターで米トランプ大統領と火花を散らすなど、話題に事欠かない。→ Fridays for Future

☐ heat-trapping gas

「（CO_2 などの）熱を大気中に閉じ込める気体」。→ greenhouse gas

☐ inconvenient truth

「不都合な真実」。産業界などが直視したがらない地球温暖化の事実。米クリントン政権の副大統領だったアル・ゴアの製作した 2006 年の環境ドキュメンタリー映画のタイトル。これでアル・ゴアは翌年のノーベル

賞を受賞した。

☐ IPCC

「国連の気候変動に関する政府間パネル」Intergovernmental Panel on Climate Change の略。このパネルの科学部会が出す報告書は気候変動の予測に関して最も信頼できるものとされている。

☐ Kyoto Protocol

「京都議定書」。パリ協定の前身。1997年に京都で開かれた UNFCCC の COP で成立。2020年までの温室効果ガス削減目標を定めたが、義務づけられたのは先進国のみで、結果としてどこも未達に終わり、15年のパリ協定に引き継がれた。→ Paris Agreement

☐ net-zero

「（CO_2 排出の）実質ゼロ」。化石燃料の使用による排出量を森林の造成や大気中の CO_2 回収などによる削減量で相殺してゼロにすればいい。

☐ Paris Agreement

「パリ協定」。2015年12月にパリで開かれた UNFCCC の COP で合意された。すべての国に CO_2 排出削減の「自主的」な目標設定と達成努力を求めているが、強制力はない。米トランプ政権は脱退を通告したが、バイデン政権が復帰の署名をした。

☐ peer pressure

「同僚（仲間）からの圧力」。パリ協定は、参加各国の peer pressure が効いて排出削減を競うようになることが期待されている。

☐ permafrost

「永久凍土」。シベリアなどにあるが、高緯度地方ほど温暖化のペースが速いため、近年は一部で溶解が進んでいる。永久凍土が解けると地中のメタンガスなどが大気中に発散され、さらに温暖化を加速する。

☐ preindustrial level

「産業革命以前（つまり化石燃料を本格的に使い始める前）のレベル」。これを基準とした平均気温の上昇を 1.5℃未満に抑えるのがパリ協定の目標。

☐ renewable energy

「再生可能エネルギー」。水力、風力、太陽光、地熱など。

☐ rising sea levels

「海面上昇」。氷河や南極の氷床の溶解、海面温度の上昇による膨張などで海の水位が上がること。

☐ SDGs

「持続可能な開発目標」。Sustainable Development Goals の略。2015年に国連が定めたもので、2030年までに達成したい17の開発目標を掲げている。

☐ shale gas/oil

「シェールガス／石油」。岩盤を破砕して、そこに含まれる天然ガスや石油を抽出する技術。これによってアメリカは21世紀に再び世界最大の産油国となった。トランプ政権と共和党はこれを全面的に支援してきたが、民主党バイデン政権はシェールガス／石油の開発・利用に否定的。

☐ sustainable

「持続可能な」。企業活動や消費生活を通じて地球温暖化を防ぎ、限りある天然資源の枯渇を防ぐこと。また途上国の労働者を搾取せず、彼らに明るい未来を約束

し実現することも含まれる。

□ UNFCCC

「国連気候変動枠組条約」。**United Nations Framework Convention on Climate Change** の略。この条約の下で **IPCC** が組織され、毎年の **COP** が開かれ、パリ協定が維持されている。→ COP, IPCC, Paris Agreement

□ upcycling

「アップサイクリング」。使用済みの製品 A を回収して再生し、付加価値を加えた製品 A+ に変身させること。リサイクル（**recycle**）を一歩進めた概念。

□ wildfires

「山火事」。地球温暖化による気温上昇と乾燥化で、アメリカ西海岸やオーストラリアなどでは夏の山火事・森林火災が深刻な脅威となっている。→ Fire Drill Fridays

□ ZEV

「排ガスをまったく出さない自動車」。**zero emission vehicle** の略。現状では蓄電池式の **EV**（electric vehicle）と燃料電池式の **FCV** がある。→ fuel cell

photo:Toa55/iStockphoto

アメリカ西海岸やオーストラリアでは山林火災が大規模になっている。

Key Words 300
3
社会

☐ abortion right

「女性が自分の意思で妊娠中絶の選択（**choice**）をする権利」。民主党は基本的にこれを支持するが、共和党は反対し、胎児の命（**life**）を優先すべきだとする。アメリカ社会を分断する最も深刻な問題のひとつ。→ **pro choice/pro life**

☐ asexual

「アセクシュアル、無性愛者」。いわゆるトランスジェンダーの人のうち、自分を男性とも女性とも規定せず、男性にも女性にも性的な感情を抱かない人。カミングアウトした人は少ないが、確実にいる。

☐ BLM

「ブラック・ライブズ・マター」。**Black Lives Matter**（黒人の命は大事だ）の略称。警察の黒人に対する過剰暴力（安易な発砲、殺害など）に抗議する大衆運動。2020 年の夏に大きなうねりとなり、黒人有権者の投票率を押し上げたとされる。

☐ cancel culture

「嫌いなもの・人・製品・思想を片っ端からボイコットする風潮」。著名人や会社の過去の発言や SNS での書き込みを問題視してボイコットする行為で、いわゆる「排除の論理」の行きつく果て。共和党の保守派が反トランプ派を排除したがる動きも cancel culture の表れとされる。

☐ conspiracy theory

「陰謀論」。政府や学者の言うことはすべて嘘で、実は誰も知らない闇の勢力が世の中を操っていると主張する説。「米軍は宇宙人の死骸を隠している」という都市伝説的なものから、「民主党は児童性愛者の集まりだ」とする政治的デマまであり、かつては笑い話ですんだが、今はネットを通じて拡散し本気で信じる人が増えている。トランプ政権はこれを巧みに利用した。

☐ DACA

「不法入国児童の送還猶予措置」。**Deferred Action for Childhood Arrivals** の略。身分的には不法移民でもアメリカの学校に通い、アメリカ社会に同化しようと努めている児童・生徒には一定の条件の下で居住権を付与する制度。オバマ政権時代に発動されたもので、トランプ政権は廃止するつもりだったが、失敗した。→ **Dreamers**

☐ decency

「良識、品位」。ジョー・バイデンは 11 月 7 日の勝利演説で国民に **"the battle to restore decency"**（良識を取り戻す闘い）を呼びかけた。

☐ deepfake

「ディープフェイク、巧妙な偽造動画」。人工知能の深層学習（**deep learning**）を利用した偽物（**fake**）の動画のこと。元来は映画産業向けの技術で、理論的に

はチャップリンを21世紀の映画に「出演」させることも可能とされる。2020年の選挙戦では、オバマ元大統領の表情と音声を加工し、トランプそっくりの主張をさせる映像などが使われた。

☐ disinformation

「偽情報（の流布）」。昔からあるスパイ活動や政治工作の手段だが、インターネット時代の今は SNS を通じた流布・拡散が容易になった。

☐ diversity

「（人種や性別、文化や信仰などの）多様性」。一般に、多様性の受容は変化の促進に、多様性の排除は変化の拒絶につながる。

☐ downshifting

「ダウンシフティング」。主として新型コロナウイルスのせいで離職・転職を強いられ、キャリア上昇の夢を捨て、今まで

より条件の悪い職場で我慢すること。本来は車の「減速のためにギアをローに落とす」の意で、1990年代には「脱力系」のライフスタイルを意味していた。働く女性が肩パッド入りのスーツで決めていた80年代の反動で、多くの人が「ゆっくり走ろう、がむしゃらに稼ぐより、自分らしく生きよう」と考え始めた。それが1990年代的なダウンシフティング。残念ながら2020年代のダウンシフティングはもっと暗い。

☐ Dreamers

「親に連れられてアメリカに不法入国した後、アメリカの学校に通い、アメリカン・ドリームを実現しようと頑張っている子どもたち」。→ DACA

☐ establishment

「権威、既成の権力、エリート」。共和党保守派がリベラル派を非難する際に好ん

photo:Rickmouser45/iStockphoto

2013年から続くBLM運動は、警官によるジョージ・フロイドの死亡事件で2020年夏全米に広がった。

で使う言葉。

☐ far right

「極右」。20世紀後半に確立された国際社会の理念（多様性の受容、平和共存など）を拒否し、しばしばナチズムやファシズムに回帰する政治・社会勢力。extreme right、ultra right とも言う。

☐ gender

「ジェンダー、性差」。生物学的な性差に加え、社会の求める役割や規範の性差がある。→ diversity, LGBT

☐ gender fluidity

「ジェンダー（性）の流動性」。生物学的な意味のオスかメスかだけで人間のジェンダー（性）は規定できないとする考え方。今後はこれを前提にして、婚姻や家族のあり方に関する法制を変えていく必要があるとされる。

☐ government-free

「ガバメントフリー、政府不在の状態」。多党制の欧州諸国では総選挙後の連立協議が不調で組閣できない状況が長引くことがあるが、それでも日常生活に特段の支障は出ない。ならばアメリカも（変な大統領を据えるくらいなら）ガバメントフリーでいい、という声が出始めている。

☐ gun control

「銃規制」。銃の所持は憲法上の権利（抵抗権、武装権）だが、治安上の理由などから規制強化を求める民主党系と、規制に反対する共和党系の対立が続く。

☐ Hispanic

「ヒスパニック」。中南米系でスペイン語を母語とする人。→ Latina/Latino

☐ immigrants

「移民」。ほとんどの先進国が少子高齢化・人口縮小に苦しむなか、アメリカの人口が増え続けているのは世界中から多くの移民を受け入れてきた結果。しかし伝統的な白人優位が失われることを危惧する保守派は移民への反発を強めている。

☐ impeachment

「弾劾」。大統領の犯罪を議会が告発し、議会が裁き、議会の権限で解任する仕組み。ただし下院による弾劾（通常の裁判での「起訴」に相当）は過半数の賛成で可能だが、上院による有罪の評決（verdict）には2/3の賛成が必要なので、二大政党制を前提とするかぎり、弾劾（起訴）は簡単だが有罪評決（解任）のハードルはきわめて高い。

☐ inclusive

「包括的な、包容力のある」。exclusive（排他的）の反対語で、「分断ではなく団結」を求めるバイデン新政権が重視する価値観のひとつ。

☐ infodemic

「インフォデミック（情報感染）」。主としてネット上で、不確かな情報（「新型コロナウイルスにはニンニクが効く」や「大統領選で本当に勝ったのはトランプだ」など）が急激に拡散し、人々の行動や判断に悪影響を及ぼす現象。情報（information）と疫病（epidemic）の合成語。

☐ institutionalize

「制度化する」。国家・社会の安定に必要な価値観を定着させる行為。そうした価値観には「選挙で国民の代表を選ぶ」も

「人種や性別にかかわらす誰もが平等」も含まれる。

☐ institutions

「制度」。社会を維持するのに必要な決まりや仕組み。政府や議会、裁判所だけでなく、中立的な報道機関や、弱者支援の仕組みも含む。

☐ incite

「教唆・煽動する」。名詞形は incitement。ドナルド・トランプは 2021 年 1 月 6 日の連邦議会議事堂襲撃を「教唆」したとして弾劾された。→ impeachment

☐ insurrection

「反乱、暴動」。2021 年 1 月 6 日に連邦議会議事堂に乱入したトランプ支持派の行為は、これに値すると判断された。

☐ Juneteenth

「ジューンティーンス」。6 月 19 日（June Nineteenth）を縮めた語で、「黒人たちの独立記念日」とも呼ばれる。1865 年のこの日、テキサス州に連邦政府の使者が到着し、奴隷解放の命令を正式に読み上げた。奴隷解放宣言は 1863 年 1 月 1 日に署名されていたが、まだインターネットも飛行機もない時代ゆえ、辺境のテキサス州まで通知が届くには 2 年半もかかった（テキサス州では州の休日と定められている）。

☐ Latina/Latino

「中南米系の人」。Hispanic とほぼ同義だが、女性形（Latina）と男性形（Latino）を区別できるので女性パワーを強調したい場合に使用される。副大統領のカマラ・ハリスは選挙の勝利演説で、黒人、白人、アジア系の女性に加え、"Latina" にも連帯を呼びかけた。

☐ law and order

「法と秩序」。本来は民主主義の社会を支える枠組みだが、しばしば民衆の抵抗運動を抑圧する口実として用いられる。トランプ政権は BLM のデモ隊が暴徒化するたびに「法と秩序の維持」を持ち出して非難した。

☐ LGBT

「性的少数派（の総称）」。レズビアン（lesbian）、ゲイ（gay）、バイセクシュアル（bisexual）、トランスジェンダー（transgender）の略。なおクィア（queer）を加えて LGBTQ とする表記やその他の性的マイノリティを加えて LGBT+ とする表記もある。
→ diversity, gender

☐ militia

「民兵」。民間人だが軍隊なみの武装をした集団。熱狂的なトランプ支持者や陰謀論の信者が「白人のアメリカ」を守ると称して組織している場合が多い。
→ QAnon

☐ police brutality

「警察の暴力」。奴隷制の時代からの伝統で、アメリカの警察には黒人を潜在的犯罪者とみなす文化が根づいているとの批判がある。

☐ populist

「ポピュリスト、大衆迎合主義者」。聞こえのいい主張を掲げて国民を煽動して権力を握ろうとする人（ナチスのアドルフ・ヒトラーなど）。ドナルド・トランプもその系譜に連なる。

□ post-truth

「ポスト真実」。真実を無視した主張や発言でもネットで拡散させれば疑似真実となり、真実よりも真実らしく見えてしまう時代の風潮を指す。トランプ時代を象徴する言葉で、英オックスフォード辞典は 2016 年に「今年の言葉」に選んだ。→ conspiracy theory, deepfake, QAnon

□ pro choice/pro life

「妊娠中絶の権利の支持派（pro choice）／反対派（pro life）」。→ abortion right

□ QAnon

「Qアノン」。Qは qualified（許可を得た、資格のある）の略で、国家機密にアクセスできる人を指すという。Anon は anonymous（匿名の）の略。民主党のエリートは児童を性的に虐待し、人身売買に関わっているという偽情報をネット上で流布・拡散する集団。その信者たちは「Q」のロゴTシャツを着てトランプ陣営の集会に参加した。またジョージア州ではQアノン信者の女性 1 名が連邦下院議員に当選している。→ conspiracy theory, militia

□ racism

「人種差別」。アメリカ社会を分断する最も深刻な問題のひとつ。さすがに公然と人種差別を支持・推進する人は少ないが、建国以来の「白人優越」思想と一体化した差別意識は根強い。→ white supremacy

□ Second Amendment

「（1791 年に採択された）合衆国憲法修正第 2 条」。人民の武装抵抗権を明記しており、アメリカ人が銃を所持できる根拠となっている。

□ suffragist

「女性参政権論者」。19 世紀後半から 20 世紀にかけて、女性の参政権獲得のために闘った人々を指す。白づくめの服装がシンボルで、副大統領のカマラ・ハリスも白いパンツスーツで勝利演説に臨んだ。なお 2020 年は性別による参政権差別を禁じた合衆国憲法修正第 19 条の成立 100 周年だった。

□ transgender

「トランスジェンダー」。生物学的な性と自覚的な性が異なる人。性転換手術などで生物学的な性を変える人もいれば、トランスジェンダーという独自の生き方を認めるよう求める人もいる

□ unity

「団結、統一」。バイデン新政権の掲げる主要なキーワード。→ decency

□ white supremacy

「白人の優越」。アメリカは「白人で異性愛の男性」の国だとする伝統的な観念。トランプを支持した共和党保守派の深層心理。

連邦議会議事堂襲撃で有名になったバッファロー男のジェイク・アンジェリはQアノン信奉者として有名。

Key Words 300

4 経済

□ 15.00

「時給 15 ドル」。バイデンが引き上げを公約した連邦政府の最低賃金（**minimum wage**）の額。現状は 7.25 ドル。ほぼ倍増であり実現のハードルは高い。

□ activist (shareholder)

「もの言う株主」。株主総会で経営陣の報告に異議を唱え、時には経営者の退陣も要求する株主で、上場企業の経営陣から最も警戒されるタイプ。

□ activist workers

「もの言う従業員」。経営方針に異議を唱える（主として IT 系大手企業の）労働者。賃上げなどを要求する伝統的な労働運動とは区別される。

□ Affordable Care Act (ACA)

「医療保険制度改革法」。通称オバマケア（**Obamacare**）。バラク・オバマ政権の看板政策として立法化されたもので、誰もが医療保険に加入できるようにするのが目的。共和党は今も反対しており、違憲訴訟で抵抗している。

□ austerity

「緊縮、節制、禁欲」。国民に支出（消費や投資）の切り詰めを強いる政策。もとは宗教的・道徳的な「禁欲」を意味していたが、今は金銭面の耐乏・忍耐を強いるという意味でもちいられることが多い。

□ basic income

「ベーシックインカム」。複雑な社会福祉制度を維持するのは非効率だから廃止して、かわりに全国民に「基礎的所得」を支給するという考え方。貧困解消の決め手ともされるが、国家による「富の再分配（**redistribution**）」に等しい。

□ belt-tightening

「節約、緊縮」。文字どおりには空腹感を抑えるためにベルトをきつく締めることを意味するが、今は「政治的・経営的な理由で（やむをえず）節約する」の意。

□ Buy American

「『アメリカ製品を買おう』キャンペーン」。国産品の愛用はどの政権も推奨するが、それを貿易赤字の解消＝外国（トランプ政権の場合は、とくに中国だった）製品の排除に結びつけるのは間違いだろう。

□ buy-or-bury

「買うか埋めるか」。グーグルなどの IT 大手企業がライバル企業に勝つために採用している経営戦略。将来的にライバルになりそうな企業は早いうちに買う（買収する）か、当該企業と同等なサービスを格安な料金で提供するなどしてつぶす（埋める）。独占禁止法に触れる行為として問題視されている。

photo:stu99/iStockphoto

□ corporate governance

「企業統治」。利益を追求するあまり現場の経営陣が道を踏みはずさないよう、巧みに舵を取ること。法令遵守はもちろん、倫理や環境、人権への配慮も求められる。なおアジア企業統治協会の調べ（2018年）では、日本の企業統治はアジア12カ国中の7位で、1位はオーストラリア。

□ crop hands

「収穫労働者」。フルーツなどを手摘みで収穫する作業に従事する人。その多くは中南米から来た **undocumented**（正規の入国記録も滞在許可もなし）の不法移民。新型コロナウイルスの拡散中も彼らは休みなく働いた。

□ cut-now, pay-later

「カットナウ、ペイレイター」。財源の裏づけを欠く人気取りの減税策。減税（**tax cut**）は今すぐやる、税収の減少で不足する資金はとりあえず国債などの借金で補い、後で返済すればいいと考える。大方の経済学者は持続不可能と見ている。

□ debt ceiling

「（国や自治体の）債務上限」。ほとんどの国は **GDP**（国内総生産）を基準に債務上限を定めているが、たいていはとっくに上限を上回っている。放置はできないが、返済のあてもない。→ **MMT**

□ decoupling

「協力・提携関係の断絶、縁切り」。企業間の提携や国家間の同盟・条約などの関係を断つこと。トランプ時代のアメリカは中国との **decoupling** を叫んでいたが、実効は上がっていない。→ **supply chain**

□ duopoly

「2社独占、2強体制」。複占ともいう。デジタル広告市場におけるグーグルとフェイスブック、スマホのOS市場におけるアップルとグーグルなど。その支配的な地位を利用して潜在的なライバル企業を買収するなど、公正な競争を妨げているとの批判がある。→ **M&A**

□ equitable growth

「公平（公正）な成長」。特定の産業部門に偏らず、どんな産業で働く人にも公正に利益が分配されるような経済成長のあり方。民主党左派などのリベラル派が唱えており、いわゆる富裕税の創設とセットで語られることが多い。→ **wealth tax**

□ GAFA

「インターネット時代を牽引する4大企業」。**Google, Amazon, Facebook, Apple** の頭文字を並べた語。**Microsoft** を加えて **GAFAM** と呼ぶこともある。

□ gendered economy

「性差経済」。経済活動がジェンダーによってゆがめられた状態。具体的には男女の賃金や就業機会の格差、女性の昇進や起業を阻む「ガラスの天井（**glass ceiling**）」が根強く残る社会を指す。そ

photo:brightstars/iStockphoto, jetcityimage/iStockphoto, luchezar/iStockphoto, ozgurdonmaz/iStockphoto

うした社会では女性の機会が奪われる一方、過大な役割を課される男性にはストレスがたまりやすい。

☐ Generation Z

「Z世代」。**Millennials**（ミレニアム世代＝21世紀を自覚的に迎えた若い世代、今の30代から40代前半）に続く世代。アメリカの場合、その数は約7000万人を越え、総人口の20％以上を占める。この先は商売人も政治家も、ひたすらZ世代に媚びることになる。

☐ gig economy

「ギグ・エコノミー」。会社に雇われるのではなく、格好よく言えばフリーランスで働いて生計を立てる人たちで成り立つ経済。ミュージシャンがレストランやホテルで（生活のために単発または短期の契約で）ステージに立つのを **gig** と呼んだことに由来する。今の時代では Uber Eats などの配達員がそう。身分も収入も不安定だが、上司に頭を下げる必要も同僚に気をつかう必要もなく、気ままに働ける。実際には発注企業だけが儲かり、働く人は疲弊する。

☐ hospitality sector

「おもてなし産業」。観光や外食など、今回のコロナ危機で最も深刻な打撃をこうむっている産業。

☐ infodemiology

「情報疫学」。情報（**information**）と疫学（**epidemiology**）の合成語で、インターネット空間に巣食う悪質な偽情報やウイルスの拡散を防ぐための科学的研究の総称。リアルな空間での偽情報対策は社会学や心理学の対象だが、インターネット空間では情報工学の視点も必要とされる。

☐ insourcing

「インソーシング、内製化」。製造部門の国外移転を意味する **outsourcing** の反対語で、今回のコロナ危機による物流・交通の遮断をきっかけに大手企業が検討しはじめている。ただし、**outsourcing** には「雇用を通じた富の移転」という側面もあった。それを投げ出して性急に **insourcing** に転じれば、また資本主義への批判が起きるだろう。

☐ IPO

「新規株式公開」。**initial public offering** の略。いわゆる新興企業（**start-ups**）が信用と業績を積み重ねてから株式を公開（証券取引市場への上場）し、新たな資金を調達する試み。こうした企業を支援してきた投資家にとっては、それまでの投資を回収する絶好の機会となる。ただし当該国の経済と政治が安定していないと **IPO** の成功はおぼつかない。

☐ low-hanging fruit(s)

「低くて手の届きやすいところになっている果実、（議会に頼らなくても大統領令などで）簡単に手に入れられる成果」。2017年の大型減税を別にすれば、トランプ政権はこればかり追い求めてきた。

☐ M&A

「企業買収」。**mergers & acquisitions** の略。業績の悪化している企業を救済するための買収、転売して利益を出すため、将来的にライバルとなりそうな企業を傘下に収めるためなど、目的はさまざま。

☐ Main Street

「庶民の実感している暮らし」。株の売買でがっぽり稼ぐ証券業界の代名詞であ

るウォール街（**Wall Street**）に対抗する概念。**Main Street** は文字どおり（どこの町にもある）大通りのこと。一般には「**Wall Street** の富裕層」対「**Main Street** の庶民」という図式が成立する。

☐ middle class

「中産階級、中流層」。上流に憧れ、下流に落ちたくないと思う人たち。アメリカや日本を含む世界の先進諸国では、この中流層の衰退が大きな問題となっている。

☐ MMT

「現代貨幣理論」。 modern monetary theory の略。政府は財政赤字の増大など気にするな、歳出と歳入（税収）の帳尻を合わせる必要はないという考え方。ただし財政赤字が増えてもいいのは、政府の歳出が民間企業の生産性向上や設備投資に使われ、かつ消費の拡大につながる場合に限る。また独自の通貨を発行し、その安定を維持する経済力のある場合に限る。米民主党の左派系が唱える主張。バイデン政権にも一定の影響を与える可能性がある。

☐ One Belt One Road (OBOR)

「一帯一路」。中国の習近平政権が打ち出した国際的なインフラ開発構想で、かつてのシルクロードを 21 世紀に復活させることを目指す。アメリカは警戒しているが、トランプ政権は対案を示せなかった。

☐ postpartum leave

「産後・育児休暇」。日本や欧州諸国には有給の産後・育児休暇があるが、アメリカにはない。民主党支持の女性たちはこれの法制化を求めているが、実現へのハードルは高い。

☐ remote work

「遠隔（在宅）勤務」。telework とも言う。新型コロナウイルスの感染拡大を受けて急速に普及した。企業にとっては固定費の削減につながるが、それだけ労働者サイドの負担は増える。

☐ resilience

「レジリエンス、底力」。人や企業が逆境にめげず、むしろ逆境を糧にしてしたたかに立ち直る力。復活（**resurrection**）は「死者のよみがえり」を意味するが、レジリエンスは「死なずに舞い戻る力」を意味する。新型コロナウイルスで疲弊した経済の建て直しにはこれが不可欠。

☐ student loan

「学生ローン」。学生生活に必要な費用（入学金や授業料、住居費など）の融資制度。近年の授業料高騰により、今のアメリカでは大多数の学生が利用している。返済は卒業後に始まるが、卒業後も定職に就けないと返済不能に陥るケースが多く、2020 年の大統領選挙ではその救済策が争点のひとつになった。

☐ supply chain

「サプライチェーン」。原材料や部品などの調達ルート。グローバル化が進んだ今は「国産品」にもたいてい外国産の原料や外国（とくに中国）製の部品が使われており、貿易問題を複雑にしている。

photo:The Russian Presidential Press and Information Office

☐ surveillance capitalism

「監視資本主義」。民間企業が個人の消費行動や思想信条などに関する膨大な情報を収集・分析して利用し、利益（付加価値）を生み出すような経済の仕組み。そこでは国家が治安目的で国民を監視する一方、企業は営利目的で消費者を監視し、得られた情報を売って稼ぐ。そのとき国民は、労働だけでなく余暇までも搾取（exploit）されることになる。ハーバード大学のShoshana Zuboff 教授が提唱した概念。

☐ tariff

「関税」。国内産業を保護するために輸入品に課す税金。語源は「告知、通告」を意味するアラビア語の「タリファ（**ta'rifah**）」とされる。かつて地中海文明とインド文明の交易の中継基地として栄えたアラビアで、商人が徴収した手数料が「タリファ」だ。中国製品に対する高率関税を連発した米トランプ大統領は自慢げに "I am a Tariff Man"（俺は関税マンだ）と自称していた。

☐ unilateralism

「一国主義、単独行動主義」。貿易などの国際問題を相手国との協議なしで一方的に解決しようとする姿勢。トランプ政権ではこれが顕著だった。

☐ wealth tax

「富裕税」。著名投資家ジョージ・ソロスらの定義では **"the richest one-tenth of the richest one percent"**（1％の最富裕層のなかでも上位10％の超富裕層）だけに課税する財産税。言い換えれば国民の99.9％には無関係な税金。民主党左派の有力者エリザベス・ウォーレン上院議員は「5,000万ドル以上の資産」を持つ世帯を対象とした富裕税の導入を提唱している。民主党が上院でも多数を制すれば、何らかの富裕税が導入される可能性が高い。

貿易における米中の競合はこれからさらに厳しさを増すだろう。

photo:tcly/iStockphoto

Key Words 300

5 選挙

□ 538

「ファイブサーティエイト」。大統領選挙における選挙人（**electors**）総数。上院の定数（100）と下院の定数（435）に、連邦政府に代表を送らない首都ワシントン特別区の枠（3）を加えた数。これの過半数（270）を獲得すれば勝ち。同名のウェブサイトは大統領選に関する各種の世論調査を集約・分析している。→ **electoral college**

□ AOC

「アレクサンドリア・オカシオ＝コルテス」。ニューヨーク州選出の民主党下院議員（**Alexandria Ocasio Cortez**）の略称。2018年に29歳で史上最年少の女性連邦議員となって注目を浴びた。プエルトリコ系のラティーナ（**Latina**）で、インターネットを活用した選挙運動に強い。リベラル派のなかでも最左翼に位置するが、上院に転出できれば将来の大統領候補になるかもしれない。→ **Latina**

□ blue state/red state

「青い州／赤い州」。民主党のシンボル色は青、共和党は赤。民主党の強い州／共和党の強い州を指す。アメリカのテレビは全国地図を州ごとに色分けして選挙の情勢を伝える。

□ Blue wall

「青い壁」。今度の選挙で民主党が取り戻した中西部の諸州。もともと工場労働者が多く、民主党の地盤だったが、前回2016年の選挙はトランプ陣営に奪われていた。この「青い壁」が4年後も健在なら民主党政権が続く可能性が高い。→ **Rust belt**

□ campaign

「選挙運動、（特定候補の）陣営」。軍事用語では作戦、攻撃などの意。

□ Capitol Hill

「キャピトルヒル、連邦議会議事堂（のある丘の名）」。

photo:lucky-photographer/iStockphoto

□ cast ballots

「投票する」。動詞の vote と同義。

□ caucus

「党員集会」。アメリカの大統領選挙においては、民主党と共和党の地方組織が、大統領候補者を決めるために地域別に党員集会を開催する。

□ Congress

「議会（上下両院の総称）」。なおイギリス

やカナダの議会は **Parliament**、日本などの国会は **Diet** と呼ばれる。

☐ donkey

「ロバ、民主党 (**Democrats**) のシンボルマーク」。

☐ early vote/absentee vote

「期日前投票／不在投票」。

☐ "[this] Election was stolen"

「この選挙は盗まれた」。現職のトランプ大統領が 2020 年 11 月 3 日の一般投票での敗北を認めず、選挙の不正を訴えたときの言葉。ただし大規模な「不正」に該当する行為は見つかっていない。

☐ electorally competitive

「選挙で勝てる体質」。具体的には、党の団結を重視して極端に走らず、できるだけ多くの主張や支持層を取り込むこと。2020 年大統領選での民主党にはこれがあったとされる。

☐ elector(s)

大統領選挙における「選挙人」。一般投票を州ごとに集計し、原則として過半数を占めた党が全選挙人を独占する。ただしメーン州とネブラスカ州は選挙区ごとに選挙人を割り振る。12 月半ばまでに全選挙人を確定し、12 月末に選挙人による投票を行い、年明けに開票するのが決まり。→ **538**

☐ electoral college

大統領選挙における「選挙人団」。人数は州ごとに決まっており、当該州で選出される下院議員の数＋上院議員の数 (ど

の州も 2 人) で求められる。なお連邦政府に代表を送らない首都ワシントン特別区には 3 人が割り当てられている。→ **538**

☐ elephant

「ゾウ、共和党 (**Republicans**) のシンボルマーク」。

☐ "Every Vote Counts. Count Every Vote"

「すべての票に意味がある、すべての票を数えろ」。投票日以降に届いた郵便投票分の開票を止めろというトランプ陣営の要求に抗議する人々が掲げた標語。→ **mail-in ballots**

☐ [the] Executive Office

「(大統領を長とする) 行政府」。ホワイトハウス (**White House**) と同義。

☐ fact check

「ファクトチェック」。客観的な事実確認。選挙の話でいうと、「政治家の発言にはたいてい間違いや意図的な嘘が含まれる」という前提に立ち、その真偽を第三者が確かめること。大統領選の時期には主要メディアがファクトチェックの専用サイトを立ち上げる。

☐ foreign interference

「外国からの選挙介入」。選挙活動 (資金提供を含む) に外国人や外国の機関を関与させることは法律で禁じられている。しかし 2016 年の大統領選以来、外国勢によるネットを通じた選挙介入 (特定候補の誹謗中傷など) は激しくなっている。

□ GOP
「共和党の別称」。Grand Old Party の略。

□ gerrymander
「ゲリマンダー」。英語の発音はジェリマンダー。選挙区の区割りの意図的な変更。州議会を制した政党が自党に有利なように区割りを変えることであり、州議会の権限だが、法廷の判断で否定されることも珍しくない。

□ House of Representatives
「下院」。日本の衆議院に相当する。略称は the House。下院議員は Representative と呼ばれる。

□ incumbent
「現職」。日本で言う「新人」は challenger と呼ばれる。

□ lame duck
「死に体」。政治家の任期切れが迫り、影響力の衰えた状態を指す。11月の選挙が終わってから年明け（1月20日前後）の次期大統領就任式までの現職大統領も lame duck になる。

□ Lincoln Project
「リンカーン・プロジェクト」。無益な党派対立をやめ、必要なときは与野党が力を合わせて政策を実現すべきだとする超党派の運動で、元ミシガン州共和党委員会のリーダーだった Jeff Timmer が提唱。共和党議員に対し、バイデン政権への協力を呼びかけている。

□ low-propensity voters
「傾向のはっきりしない有権者」。いわゆる「無党派層」と「今までの支持政党に疑問を抱きはじめている有権者」を含む。

□ mail-in ballots
「郵便投票」。「投票日当日の消印有効」と定めている州が多い。今年の大統領選では新型コロナウイルス感染のおそれから郵便投票を利用する人が多く、結果として投票率の向上につながった。

photo:visualspace/iStockphoto

□ Majority Leader
「多数党院内総務」。議会で多数派を占める党の代表者。少数党の代表は Minority Leader と呼ばれる。

□ midterm election
「中間選挙」。大統領の任期のほぼ真ん中（大統領選の投票日の2年後）に行われるので、この名がある。下院の全議席（435）と上院の1/3（33または34）が改選される。なお下院・上院の改選は大統領選の年にも行われる。なお、36の州では州知事選挙も中間選挙に合わせて行う（残りの州では大統領選の年）。

□ opinion polls
「世論調査」。

□ partisan
「党派的な」。

□ popular vote

「一般投票」。11月の第1月曜の次の火曜日に実施され、州ごとの集計で選挙人を割り振る。

□ President-elect

「次期大統領」。一般投票で当確が出てから年明け（1月20日前後）の就任式まで、当選者はこう呼ばれる。

□ Presidential debate

「大統領選の候補者によるテレビ討論会」。通常は3回行われるが、2020年は新型コロナウイルスのせいで2回だけだった。

□ [vote] recount

「票の再集計」。アメリカでは、票差が0.5%に満たない場合は念のために再集計すると定めている州が多い。

□ red mirage

「赤い蜃気楼」。メディアによる開票速報で、最初のうちは赤（共和党）が優勢なのに、開票が進むにつれて赤の勢いが衰える現象。一般論として、人口の少ない地方部ほど開票結果の発表が早く、人口の多い都市部ほど遅い。そのため地方部に強い共和党が先に票を伸ばすが、都市部の開票が進むと青（民主党）の票が増える。

□ runoff vote

「決選投票」。1回目の投票で過半数を獲得する候補がいなかった場合に、機会を改めて行われる投票。2020年は南部ジョージア州の上院選と上院補選で過半数の獲得者がなく、年明けの2021年1月5日に決選投票が行われことになった。

□ Rust Belt

「ラストベルト、錆びつき地帯」。アメリカ中西部のミシガン州、ウィスコンシン州、オハイオ州など、かつては鉄鋼や石炭、自動車などの重工業で栄えたが今は衰退し、工場の機械も錆びついてしまった地帯。2016年には労働者の不満を吸い上げたトランプが制したが、2020年は民主党がミシガン、ウィスコンシンの両州を奪還した。

□ Senate

「上院」。上院議員は **Senator** と呼ばれる。しばしば「日本の参議院に相当する」と説明されるが、閣僚や最高裁判事の任命権、外国との条約の承認権を握っているので、日本の参院よりずっと強力。

□ settler

「セトラー、消極的支持者」。選挙に際し、「候補Aを支持する」からではなく「候補Bを勝たせたくない」という理由で、しぶしぶ候補Aに投票する人。2016年の大統領選では民主党候補ヒラリー・クリントンを嫌ってトランプ支持に回ったセトラーが多かったが、2020年は「トランプでなければ誰でもいい」という理由でバイデンを支持したセトラーが多いとされる。→ **shy**

□ shy

「（形容詞で）内気な、隠れた」。世論調査などに際し、自分の支持政党や候補者を明言しないこと。こういう shy な有権者が多いと、世論調査の結果と実際の投票結果が食い違うことになる。

□ Speaker [of the House]

「下院議長」。大統領に万一の事態が起き、しかもその職務を副大統領が代行できない場合は、下院議長が大統領代行となる。なお上院の議長は副大統領が兼ねており、賛否同数の場合にかぎり1票を投じることができる。

□ swing state

激戦州。選挙結果がどちらに振れる（swing）か予想しがたい州。

□ third-party candidate

「第三党からの候補者」。勝利する見込みはほとんどないが、二大政党の票を食うので、選挙戦の帰趨に影響を与えることがある。2020年の大統領選では元ニューヨーク市長のマイケル・ブルームバーグが third-party candidate として名乗りを上げていたが、本選前に撤退したので、民主党バイデン陣営は助かった。

□ trifecta

「大統領職と上下両院の多数をすべてひとつの党が握った状態」。もとは競馬でいう「3連単」の大当たりの意。

□ voter mobilization

「投票行動への動員」。アメリカでは戸別訪問、いわゆる door-knocking も合法なので、各政党は有権者の動員に知恵を絞る。

□ voter registration

「（選挙権の行使に必要な）有権者登録」。日本では住民登録が有権者登録を兼ねている。

□ winner-take-all

「勝者総取り」。アメリカ大統領選挙では州ごとに一般投票を集計した後、過半数を制した陣営が当該州の選挙人をすべて獲得する方式。全米の48州で採用されている。

photo:adamkaz/iStockphoto

Key Words 300

6

トランプの遺産

☐ "America First"

「アメリカの利益を第一に」。トランプの決まり文句のひとつ。アメリカの政治家なら誰もがそう思っているが、口に出しては言う人はほとんどいない。しかしトランプはその不文律を破ることで広範な支持を獲得したのだった。

☐ burrowing

「埋め込み」。政府部内の役職に自分の支持者・追従者を据える行為。トランプは政権末期、とくに2020年11月の選挙で敗れた後にこれを連発し、次期政権の業務を妨害した。

☐ dark state

「闇の国家」。アメリカには「闇の国家」があって、それが政府もメディアも動かしているが、自分はこれと闘うために大統領になった。トランプはそういう主張を繰り返し、陰謀論の好きな保守層・不満層を取り込んだ。

☐ "Make America Great Again"

「アメリカを再び偉大（な国）に」。トランプの決まり文句のひとつ。MAGAと略され、帽子などのトランプグッズによく使われている。民主党政権下でアメリカは偉大さを失ったという根拠なき主張とセット。

☐ narcissocracy

「ナルシソクラシー、自己愛（narcissism）型の統治（-ocracy）」。統治者の肥大化したエゴを満足させるための統治。トランプだけでなく、ロシアのプーチン大統領や中国の習近平主席も自己愛型と言えるだろう。

☐ power sheath

「パワー・シース」。権力者に寄り添う美女の着る細身（sheath）のドレスで、トランプの妻メラニアや娘イヴァンカがよく着ていた。「男の引き立て役」に徹する服で、「男と対等」を誇示するパワースーツ（power suits）の対極に位置する。

☐ russify

「ロシア化する」。虚偽情報をばらまき、立法よりも命令を愛し、反対派を切り捨てるなど、アメリカをプーチン政権下のロシアと同じようにすること。プーチンがトランプを操っていたのか、トランプがプーチンを真似ただけなのかは不明。

☐ Trumpese

「トランプ語、トランプ節」。乱暴で非論理的、繰り返しが多くて脈絡のない、そして根拠のない主張を繰り出す話し方。ちなみにトランプ語録の語彙や文法は「中学1年生レベル」とされる。

☐ Twitter-drunk

「ツイッター酔い（依存）」。朝から晩まで、ツイッターで何かつぶやかずにはいられない状態。在任中の4年間、トランプがツイッター酔いから醒めることは一度もなかった。

☐ [the] Wall

「メキシコ国境に建設中の壁」。2017年の大統領就任直後に大統領令で建設を決めたが、なかなか予算がつかず、未完成。壮大な無駄だが、取り壊すにも費用がかかるのでこのまま「遺産」として残りそうだ。

 photo:LPETTET/iStockphoto

Key Words 300

7

3.11 以後

☐ containment vessel

「格納容器」。原子炉内にあって、圧力容器を格納している容器のこと。

☐ decommissioning

「廃炉」。任務を終えた産業施設などの解体・原状回復作業、艦艇などの退役の意もある。

☐ debris

「デブリ」。fuel debris とも言う。炉心溶融を起こした核燃料の残渣。常に水没させていないと温度が上がって爆発する危険があり、これを安全に取り出すことが福島第一原発の廃炉作業で最大の難関とされる。

☐ fuel rod

「燃料棒」。濃縮ウランの固まりで、これの核分裂反応をうまく制御することで高熱を発生させ、発電する。福島第一原発では3つの原子炉でこれが溶け落ちた。

☐ Fukushima

「フクシマ」。2011年3月11日の津波で3連続炉心溶融を起こした東京電力福島第一原発の代名詞。

☐ hibakusha

「被爆者」。原爆の生存者（A-bomb survivors）を意味する語として、日本語のまま世界中で認知されている。なお hibakusha には南太平洋におけるアメリカなどの核実験で放射能を浴びた人々（漢字で書けば被「曝」者）も含まれる。

☐ ICAN

「反核国際キャンペーン」。International Campaign to Abolish Nuclear weapons の略称。核兵器禁止条約の成立に貢献したことで2017年のノーベル平和賞を受賞。「アイキャン」と読む。
→ nuclear ban treaty

☐ IRID

「技術研究組合国際廃炉研究開発機構」。International Research Institute for Nuclear Decommissioning の略。苛酷な状況下でも安全に廃炉を進めるための技術開発をになう研究組合。「アイリッド」と読む。廃墟と化した原発村では今、IRID の出先機関などの人たち多数が働いている。

☐ meltdown

「炉心溶融」。原子炉内の核燃料棒（fuel rod）が事故で高熱になり、溶けた燃料が炉心（core）から溶け出すこと。福島第一原発では、溶け出した核燃料の大半は格納容器の底にたまっている。

☐ nuclear umbrella

「核の傘」。自国の核兵器で同盟諸国の安全を守るというアメリカ政府の安保政策。日本はアメリカの核の傘の下（under the American nuclear umbrella）にある。

□ nuclear (weapons) ban treaty

「核兵器禁止条約」。正式名称は **Treaty on the Prohibition of Nuclear Weapons**。2017 年に国連総会で採択され、2021 年 1 月 22 日に批准国が 50 を越えて正式に発効した。日本は唯一の被爆国だが、アメリカの核の傘の下にあるので署名していない。

□ pressure vessel

「圧力容器」。燃料棒の入った炉心を格納している。福島第一原発では溶けた核燃料の高熱で圧力容器の底に穴があき、核燃料が格納容器の底にたまっている。

□ reactor

「原子炉」。→ containment vessel, debris, pressure vessel

□ Setsuko Thurlow

「サーロー節子」。広島で被爆し、今はカナダ在住の反核活動家。日本人ヒバクシャのシンボル的存在で、**ICAN** のノーベル平和賞授賞式ではヒバクシャ代表としてスピーチした。→ **ICAN**

photo:enase/iStockphoto

東日本大震災の津波のあとに残された街の残骸。

Key Words 300
8
その他

☐ arbitration

「仲裁」。裁判、つまり公の法律に頼ることなく、当事者間の話し合いで民間の紛争を解決する手続き。特許や商標などをめぐる企業間の国際紛争によく用いられる。理論上、裁判（**justice**）ではどちらの側が正義である（**just**）かが問われるが、仲裁では裁定者（仲裁人）の **arbitrary**（任意、自由）な判断が最終決定となる。裁判所の判決に不服があれば控訴（**appeal**）できるが、仲裁人の決定には文句を言えない。ドーピング違反などで処分を受けたスポーツ選手が異議を申し立てる国際機関 **CAS**（**Court of Arbitration for Sport** ＝スポーツ仲裁裁判所）も基本的な仕組みは同じである。

☐ assisted reproductive technology

「生殖補助の技術、（日本政府の訳では）生殖補助医療」。技術面では日本も先進国だが、この技術を使って生まれた子や、卵子提供などに協力した人の権利・義務に関する法整備は遅れている。

☐ bail jump

「保釈中の逃亡」。動詞としても使う。ルノー・日産連合の元会長カルロス・ゴーン（Carlos Ghosn）が保釈中に東京から関西へひそかに移動し、レンタルの自家用ジェット機で国外へ脱出した事件で有名になった語。

☐ black swan

「およそ想定外の事態」。黒い白鳥（black swan）のように「ほとんどありえない異常な事態」を指し、その特徴は（統計学者 Nassim Nicholas Taleb の 2007 年の同名書によれば）「予測できない」「甚大な影響をもたらす」「後になって、よく考えてみれば予測できたと説明される」の 3 点。2001 年 9 月 11 日のアメリカ本土同時多発テロや、2011 年 3 月 11 日の福島第一原発の炉心溶融事故が典型的な **black swan** だ。

☐ Brexit

「ブレグジット（イギリスの EU 離脱）」。2016 年 6 月 23 日の国民投票で、イギリスの有権者は大方の予想に反し、僅差ながらも **EU**（欧州連合）からの **Leave**（離脱）を選択した。いわゆるポピュリズムの勝利とされ、同年秋のアメリカ大統領選でドナルド・トランプが当選する伏線となった。ただし離脱交渉は主としてイギリス側の国内事情で難航し、ようやく実現したのは 2021 年の 1 月 1 日。すでにトランプの退陣も決まっていた。→ **EEZ**

Cabinet

「内閣、行政府」。日本の「大臣」に相当する長官は アメリカでは **Secretary** と呼ばれ、議会の承認を必要とする

□ digital democracy

「デジタル民主主義」。インターネットに代表されるデジタル技術を用いて民主主義を効率化しようとする考え方。台湾のデジタル担当相オードリー・タン（Audrey Tang, 唐鳳）はその代表的な論客で、新型コロナウイルスの感染拡大を防ぐためにデジタル技術を活用し、成功を収めた。

□ (internally) displaced people

「（国内）避難民」。住む場所を強制的に追われたが、いまだ国境内にとどまっている人たち。国外に脱出した難民（refugees）と区別して言う。

□ EEZ

「排他的経済水域」。Exclusive Economic Zone の略。自国の海岸線から200海里（約370キロ）の範囲で設定できると、国連海洋法条約で定められている。沿岸国の漁業権と水産資源の保護が目的で、EEZ の範囲内では漁業や水産資源の科学的調査を独占的に行うことが認められる。密漁を防ぐために警察力の行使も認められているが、公海との境界水域での巡視活動は他国との武力衝突の危険をはらむ。またイギリスの EU 離脱にあたっては、離脱後に復活するイギリスの EEZ の扱いが大きな問題となった。→ Brexit

□ Euro-scepticism

「欧州懐疑主義」。EU 加盟国の内部にいる反 EU 派の主張。欧州統合の理想よりも伝統的なナショナリズムに憧れ、一国主義に回帰する考え方で、政治的には極右勢力と結びつきやすい。Euroscepticism とも表記する。

□ Executive Order

「大統領令」。法的な拘束力をもつ命令。一般には大統領の政治的課題を推進・実行するために使われ、政策目標を達成するための大きな武器になる。

□ extradition

「（犯罪容疑者の）身柄引き渡し」。自国内で拘束した容疑者を他国の司法当局に引き渡すこと。論理的には司法権の放棄にあたるが、たいていの国は相互に身柄引き渡し条約を結んでいる。なお香港では、中国側への身柄引き渡しを可能にする条例改正案をきっかけに、これに反対する市民の運動が急速に盛り上がった。またカルロス・ゴーンの場合は、逃亡先のレバノンと日本の間に条約がないので引き渡される心配はない。ただし逃亡を手助けした元米軍特殊部隊員らは米国内で逮捕されたので、日本側に引き渡される運命だ。→ bail jump, hostage justice

□ fast-track

「（動詞で）急いで近道（早まわり）をする」。新製品やサービスの認可にあたり、必要な手続きの一部を省略・簡素化するのを fast-tracking と呼ぶ。言うまでもないが、陸上競技での fast-tracking はルール違反。新型コロナウイルスのワクチン開発でも fast-tracking が行われており、その安全性を疑問する声が上がった。

□ first island chain

「第一列島線」。中国が一方的に主張する軍事的境界線で、台湾や尖閣諸島はもちろん、南シナ海の大部分を含む。周辺諸国も国際社会も認めていないが、中国側は第一列島線内の海に人工島を建設する

などして実効支配の既成事実化を図っている。

□ **Five Eyes**

「5つの目」。英語を母語とする5つの民主国家（アメリカ、カナダ、イギリス、オーストラリア、ニュージーランド）による機密情報の共有網。→ **Quad**

□ **hostage justice**

「人質司法」。容疑者を長期にわたって勾留し、自白を迫る日本警察の捜査手法。「推定無罪」であるべき容疑者の人権を無視していると、欧米からは批判されている。和製英語だが、カルロス・ゴーンの事件で国際的にも認知された。
→ **presumably innocent**

□ *i*Gen

「いつも身近にスマホのある環境で育った世代（*iGeneration*）の人たち」。"*i*" は通常イタリック体にし、「アイジェン」と読む。アップルの **iPhone** が登場したのは 2007 年だから、そのころ小学校に入った人を起点に、その後に生まれた人たちを指す。2030 年代には消費の主役となる世代だ。→ **thumb-stopping**

□ **indigenous people**

photo:RuslanKaln/iStockphoto

「先住民（族）」。少数派ながら、その国の文化の基層にあるものを現代に伝える人たち。ニュージーランドは先住民マオリの復権を国策としているが、今も先住民族（日本ではアイヌ民族など）を迫害・軽視している国は少なくない。

□ **Japanification**

「（経済の）日本化」。少子高齢化の進行による人口の不可避的な減少を背景に、経済成長の停滞と低インフレ・低金利が定着する傾向。すでに中国や韓国、シンガポールなどのアジアの経済大国では、この **Japanification** が始まっているとされる。

□ **next normal**

「ネクストノーマル（次常態）」。「たとえ嘘でも言った者勝ち」のトランプ時代が終わり、新型コロナウイルスの危機も一段落したとして、その後に来るであろう（あるいは来るべき）世界のあり方。トランプと新型コロナの時代には従来の政治・経済活動や生活の常識が通じなくなり、それが **new normal**（新常態、日本政府の用語では「新しい生活様式」、東京都では「新しい日常」と呼ばれているが、その次に想定されるのがネクストノーマル（次常態）。それがどんなものか、答えはまだ見えない。

□ **plea bargain**

「司法取引」。容疑者に対し、免罪や減刑と引き替えに検察・警察の捜査に協力させる行為。虚偽の自白につながる恐れありとして、日本では長く禁じられていたが、2018 年 6 月に導入された。主として経済犯罪や組織犯罪の捜査で用いられる。カルロス・ゴーンの立件でも、一部の容疑を固めるために利用された。

□ POTUS

「アメリカ合衆国の大統領」。**President of the United States** の略。potus と小文字でも使う。SNS などで発信するときに使われる。

□ presumably innocent

「推定無罪」。刑事事件の捜査や裁判における大原則。法廷による有罪宣告が下るまでは、いかなる容疑者も無罪の可能性ありと想定し、その基本的人権を守らねばならないとする考え方。日本の人質司法にはこれが欠けているとされる。
→ hostage justice

□ Quad

「クアド（4国連携）」。**The Quadilateral Security Dialogue**（日米豪印戦略対話、または四カ国戦略対話）の略。中国の政治・経済・軍事的脅威に対抗することを目的とするアメリカ、インド、オーストラリア、日本の連携。→ **Five Eyes**

□ RCEP

「（東アジアの）地域包括的経済連携協定」。**Regional Comprehensive Economic Partnership Agreement** の略。ASEAN（東南アジア諸国連合）＋中国、日本、韓国、オーストラリア、ニュージーランドの 15 カ国で構成し、2020 年 11 月に成立。インドは交渉途中で離脱している。日米主導の **TPP** に対抗するため、中国が主導した。「アールセップ」と読む。

□ red tape

「煩雑な官僚的手続き」。EU 離脱により、イギリスと大陸諸国の間には国境と税関が復活し、輸出入の手続きには山のような **red tape** が復活し、税関にはトラックの大渋滞が発生している。元をたどれば、まだ王様が国を支配していた時代に、命令や規則を定めた文書を赤いひもで結んだことが語源とされる。絶対王制が打倒され、民主主義の時代になっても red tape は生き残った。かつて権威の象徴だった **red tape** も、今はたぶん民主主義の必要悪なのだろう。

□ refugees

「難民」。災害や迫害から逃れて避難し、生活基盤を失った人全般を指すが、国連用語では、とくに国外へ脱出した人にこの語をあてる。→ **(internally) displaced people**

□ Rohingya

「ロヒンギャ」。ミャンマーの西部辺境地帯に暮らすベンガル系のイスラム教徒たち。ミャンマー政府は伝統的にロヒンギャを「住民」と認めず、バングラデシュからの「不法侵入者」とみなしており、軍部は数年前から実力排除の圧力を強めている。そのため隣接するバングラデシュに多数の難民が流入し、危機的な状況となっている。→ **stateless people**

Second Gentleman

「女性副大統領の夫」。今回はカマラ・ハリスが副大統領になったので、史上初の **Second Gentleman** が誕生した。

□ stateless people

「国籍なき人々」。パスポートを持たずに逃げ出した難民は、ひとまず無国籍状態になる。また世界各地にはロヒンギャのように初めから国籍を付与されていない人がたくさんいる。→ **Rohingya**

キャンプで食料配給の列に並ぶロヒンギャ族の人々。　photo:Michał Fiałkowski/iStockphoto

☐ surrogacy

「代理母出産」。第三者の子宮を借りて出産する方法。合法化する国が増えているが、日本では認められていない。希望者は増えているが、現に一部の国では代理母が仲介業者によって搾取されている例もあり、代理母の法的な権利や義務の明確化は難しいとされる。

☐ thumb-stopping

「(形容詞で) 親指を止めるほどの」。マーケティング業界で使われる表現で、昔の**eye-catching**（目を引く）に似た意味。今のスマホ世代はいつも伏し目がちに画面を見つめ、忙しそうに指を動かしている。片手の指４本でスマホを支え、親指１本で画面を猛スピードでスクロールしている。彼らの親指がピタッと止まるのは、すごく気になる写真や見出しを見つけたとき。そこで、**Instagram** などのコンテンツに「スクロールを止めるほどのインパクトがある」ことを thumb-stopping と呼ぶようになった。

☐ TPP

「環太平洋パートナーシップ協定」。**Trans-Pacific Partnership Agreement** の 略。北米大陸から太平洋を南回りする形で東アジアまでの諸国を結ぶ包括的な経済連携協定。カナダ、アメリカ、メキシコ、ペルー、チリ、ニュージーランド、オーストラリア、ブルネイ、シンガポール、マレーシア、ベトナム、日本の 12 カ国で締結寸前まで行ったが、米トランプ政権が離脱したため、2017 年秋に 11 カ国体制で発足した。今後は中国と韓国が加わるかどうか、また米バイデン政権がどのような条件で復帰するかがカギ。

☐ whistle-blower

「内部告発者」。文字どおりには「警告の笛を吹く人」。日本の組織には内部告発者を「裏切り者」扱いする体質があるが、ようやく 2006 年に公益通報者保護法ができ、しかるべきルートで内部告発した人の身分や利益は法的に守られることになった。

★★★

バイデン政権の行政府組織図

就任初日に 17、就任から 3 日間で 30 もの大統領令や行政令を出し、精力的な活動を開始したバイデン大統領。実際に、理想とする政策をどのように実現していくのか。アメリカの行政組織とバイデン政権の中枢を知って、ニュースでよく耳にする人たちがどのような役割を担うのか、表を見て理解しておこう。

ホワイトハウス　ペンシルベニア大通り 1600

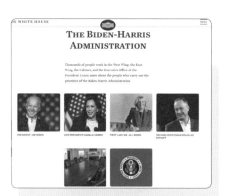

ホワイトハウスの Biden-Harris Administration のトップページ。

Executive Office の丸いマークはそれぞれの局や委員会を表している。

大統領と副大統領の下には 15 の省とその他多数の機関が置かれ、行政府を構成している。これらの機関の機能は広範にわたっており、すべての米国民の生活に影響を及ぼしている。

President of the United States of America
アメリカ合衆国
大統領

Vice President of the United States of America
アメリカ合衆国
副大統領

15の省 長官は大統領によって任命され、上院の承認を必要とする。

各省の長官は法律により大統領顧問団（内閣）を組織する。自らの責務に関連するあらゆる問題について大統領に助言する一団をなす。ニュースでよく耳にする人たちがどのような役割を担うのか下記の表を見て理解しておこう。

国務省
United States Department of State (DOS)

Secretary of State
国務長官

Antony Blinken

財務省
United States Department of the Treasury

Secretary of the Treasury
財務長官

Janet Yellen

国防総省　United States Department of Defense (DOD)

Secretary of Defense
国防長官

Lloyd Austin

司法省
United States Department of Justice (DOJ)

Attorney General
司法長官

Merrick Garland

内務省
United States Department of the Interior (DOI)

Secretary of the Interior
内務長官

Deb Haaland

農務省　United States Department of Agriculture (USDA)

Secretary of Agriculture
農務長官

Tom Vilsack

商務省　United States Department of Commerce (DOC)

Secretary of Commerce
商務長官

Gina Raimondo

労働省
United States Department of Labor (DOL)

Secretary of Labor
労働長官

Marty Walsh

保健福祉省　United States Department of Health and Human Services (HHS)

Secretary of Health and Human Services
保健福祉長官

Xavier Becerra

住宅都市開発省 United States Department of Housing and Urban Development (HUD)

Secretary of Housing and Urban Development
住宅都市開発長官

Marcia Fudge

運輸省 United States Department of Transportation (DOT)

Secretary of Transportation
運輸長官

Pete Buttigieg

エネルギー省 United States Department of Energy (DOE)

Secretary of Energy
エネルギー長官

Jennifer Granholm

教育省 United States Department of Education (ED)

Secretary of Education
教育長官

Miguel Cardona

退役軍人省 United States Department of Veterans Affairs (VA)

Secretary of Veterans Affairs
退役軍人長官

Denis McDonough

国土安全保障省 United States Department of Homeland Security (DHS)

Secretary of Homeland Security
国土安全保障長官

Alejandro Mayorkas

閣僚級高官 大統領は Cabinet のメンバーに省の長官以外の人々も指名できる。

■ White House Chief of Staff

大統領首席補佐官

Ron Klain

■ Director of National Intelligence

国家情報長官

Avril Haines

＊16の情報機関を統括

■ Administrator of the Environmental Protection Agency

環境保護庁長官

Michael Regan

■ United States Trade Representative

通商代表

Katherine Tai

■ United States Ambassador to the United Nations

国際連合（国連）大使

Linda Thomas-Greenfield

■ Director of the Office of Management and Budget

行政管理予算局長

未定

■ Chair of the Council of Economic Advisers
大統領経済諮問委員会委員長

Cecilia Rouse

■ Administrator of the Small Business Administration
中小企業庁長官

Isabel Guzman

■ Presidential Science Advisor and Director of the Office of Science and Technology Policy
科学技術担当大統領補佐官
科学技術政策局長

Eric Lander

＊長官については 2021 年 3 月 3 日現在のバイデン大統領に指名に基づくものです。上院の承認を得らず、変更される可能性もあります。

Executive Office of the President (EOP)

大統領行政府。大統領の直属のスタッフで構成される。長は大統領首席補佐官。

経済諮問委員会
Council of Economic Advisers (CEA)
環境諮問委員会
Council on Environmental Quality (CEQ)
国家経済会議
National Economic Council (NEC)
国家安全保障会議
National Security Council (NSC)
＊バイデン大統領が議長。副大統領、国務長官、国防長官、国家安全保障問題担当大統領補佐官などが出席する
科学技術政策局
Office of Science and Technology Policy

行政管理予算局
Office of Management and Budget (OMB)
国内政策会議
Domestic Policy Council
＊会議の議長は元国連大使の Susan Rice
政府間事務局
Office of Intergovernmental Affairs
麻薬統制政策局
Office of National Drug Control Policy (ONDCP)
渉外局
Office of Public Engagement

主な独立機関

■ Securities and Exchange Commission（SEC）証券取引委員会

■ Federal Trade Commission（FTC）連邦取引委員会

■ Nuclear Regulatory Commission（NRC）原子力規制委員会

■ Food and Drug Administration（FDA）（保健福祉省の）食品医薬品局

■ Federal Communications Commission（FCC）連邦通信委員会

■ Environmental Protection Agency（EPA）環境保護局（庁）

アメリカ大統領選挙

全国的な選挙は、2年ごとに偶数年の11月第一月曜日の翌日にあたる最初の火曜日に行われます。大統領選挙の年には、大統領選挙と同時に上院議員の3分の1、下院議員は全員が改選されます。

大統領選挙は4年に1回

・大統領選挙は近年は夏期オリンピック・パラリンピックの年に行われている
・任期1期4年
・有権者は事前に登録した18歳以上のアメリカ国民

脱落

脱落

民主党、共和党ともに候補者が複数立つ

党員集会 caucus

予備選挙 primary election

両党ともに、全国党大会でひとり選ぶ

共和党   民主党

大統領候補と副大統領候補がひと組ずつ本選挙を戦う

選挙人団
the Electoral College
による間接選挙

VS

11月本選挙。選挙人538名獲得のため、激しい選挙戦を行う。270名確保したほうが勝ち。

党員が議論をしながら候補者を絞り込んでいく「党員集会」（caucus）や、有権者が投票を行う「予備選挙」（primary election）を行って候補者を決める。各州の予備選挙や党員集会の結果で、各州の人口の規模などに応じて割りふられた「代議員」（delegate）を獲得していく。こうした「代議員」が、全国党大会で最終的に投票し、各党の大統領候補を決める。選挙の年の1月に始まり6月まで続く。予備選挙や党員集会が集中する日が、「スーパーチューズデー」（Super Tuesday）と言われ、大統領候補を絞り込むヤマ場となる。2020年のスーパーチューズデーは3月3日だった。

　通常、7月か8月に開催される大統領候補を指名する全国党大会で、その党の「大統領候補」と「副大統領候補」を実際に選び出す。

　11月の本選挙、または一般選挙（general election）では、各州は、その州の下院ならびに上院の議員の合計数と等しい数の選挙人票（electoral votes）が割り当てられる。コロンビア特別区（ワシントンDC）は、州ではないが、3票の選挙人票を有する。候補者はその候補者に投票すると誓約した「選挙人」（elector）を獲得していく。「選挙人」の総数は538名。

　ある州の一般投票に勝利した大統領候補者が、その州の選挙人票をすべて獲得する勝者総取方式（winner-take-all）。一方の候補者が選挙人票の過半数(合計538票のうち少なくとも270票)を獲得すれば、勝利宣言をすることになる。

※選挙人票の過半数を獲得した者が誰もいなければ、各州の代表団が1票を投じて、下院が勝者を選ぶ。大統領は、国民による直接選挙では選ばれないので、ある候補者が一般投票で相対多数を得ても選挙に負けることがある。実際、2016年の選挙では、敗れたヒラリー・クリントン候補のほうが大統領に当選したトランプ候補よりも一般投票の数では多かった。

●上院議員選挙　Senator election
　上院議員（senator）の任期は1期6年。人口に関係なく各州2名ずつ選出され、議員の総数は100名。選挙は2年ごとに行われ、議員の3分の1が2年ごとに改選される。

●下院議員選挙　House of Representatives election
　下院議員（representative）は各自の州の選挙区（congressional district）を代表する。各州の議員の数は人口に比例して決められている。総数は435名。任期は1期2年で、2年ごとに全員が改選される。

●中間選挙　midterm elections
　大統領選挙の2年後、中間の年に行われる上下両院議員および州知事などの選挙。11月の第1月曜日を含む州の火曜日に行われる。現職大統領の就任以来2年間の実績への人々の評価が反映される傾向がある。

あんなことも、こんなことも言っていた さらば トランプのTwitter

米ツイッター社は 2021 年 1 月 8 日、「暴力行為をさらに扇動する恐れがある」として、ドナルド・トランプ前大統領の個人アカウントを永久凍結し、88,000,000人のフォロワーを擁し世界中に多くの「もうひとつの事実 alternative facts」を拡散し続けたツイートは一瞬にして消滅した。米ニューヨークタイムズ紙のオピニオン記事で、Maureen Dowd はこう書いている。Maybe he just disappears in an orange cloud of smoke, screaming, "I'm mellllllting."（彼はオレンジ色の煙を立てて叫びながら消えるだろうね。「融けるうう」って。）

2017年3月6日　　※日付はアメリカ東部標準時間に準拠しています。

 Donald J. Trump ✓
@realDonaldTrump　　　　　　　　　　🐦 Follow

Buy American & hire American are the principals at the core of my agenda, which is: JOBS, JOBS, JOBS! Thank you @exxonmobil.

バイ・アメリカンとアメリカ人雇用は 私のアジェンダの中心の原則。 雇用、雇用、雇用！ ありがとう

 "JOBS" は単に「仕事」と訳すこともあるが、政策についての言及なのでここでは「雇用」。

バイデン大統領は 2021 年 1 月 22 日、連邦政府職員の保護、救済策強化に関するふたつの大統領令に署名した。前者は、連邦職員の団体交渉権を制限するトランプ政権時代の大統領令を撤回し、さらに最低賃金を 15 ドルに引き上げるための検討を指示している。後者は、農務省に対し、補助的栄養支援プログラムへの申請を簡素化して、内容も充実させるよう検討を指示し、労働省には、既往症など健康上の理由で就業を拒否した労働者が失業保険を受けられる保証体制を整備するよう命じている。

2017年5月31日

絶え間ない否定的な記者
コヴェフェフェにもかかわらず

> **Donald J. Trump** ✓
> @realDonaldTrump
> 　　　　　　　　　　　　　　　　🔵 Follow
>
> Despite the constant negative press covfefe
> 4:06 AM - 31 May 2017
>
> ↩ ⟲ 3 ♥ 2　　　　　　　　　　　　　　　　　ℹ

👆 "press covfefe" は、"press coverage" つまり「記者報道」と打とうとしたトランプ前大統領の間違いか。

トランプ前大統領は 2017 年 3 月 31 日、自ら創作したとみられる謎の単語 "covfefe" をツイート。ヒラリー・クリントンなど当時の政敵も反応しインターネットが騒然となった。英リージェンツ大学ロンドン英語センターは「英語学習者のみなさん、我々は "covfefe" が英単語ではないと明言できます。今のところは」とツイートした。トランプ前大統領は投稿の約 5 時間後にツイートを削除。「"covfefe" の真の意味を突き止められる人はいるかな？？？ 楽しんで！」と、自虐的なユーモアで締めくくった。2021 年 2 月 17 日現在もウィキペディアにその項目が残っている。

2019 年6月8日

アメリカ合衆国がメキシコとの
協定への署名に至ったことを
お知らせできて嬉しく思う。

> **Donald J. Trump** ✓
> @realDonaldTrump
>
> I am pleased to inform you that The United States of
> America has reached a signed agreement with Mexico.
> The Tariffs scheduled to be implemented by the U.S. on
> Monday, against Mexico, are hereby indefinitely
> suspended. Mexico, in turn, has agreed to take strong
> measures to......
>
> ♡ 212　12:25 AM - Jun 8, 2019　　　　　　　　ℹ

 "agreement with Mexico" は米・メキシコ・カナダ協定（USMCA）のこと。自動車分野で、米国製部品の調達率引き上げや、メキシコ人労働者の賃上げなどを目的とする新規則を規定している。

メキシコとの国境や交易問題をめぐり、トランプ前大統領は 2019 年 2 月、連邦議会の予算決定権を迂回して防衛予算を壁の建設費用に充てるため、非常事態宣言を発令していた。2021 年 2 月 11 日、バイデン大統領はトランプ前大統領が発令した、メキシコ国境での壁建設をめぐる国家非常事態宣言を撤回している。

2020年4月12日

ニューヨークタイムズは
フェイクだ！

Donald J. Trump ✓
@realDonaldTrump

The @nytimes story is a Fake, just like the "paper" itself. I was criticized for moving too fast when I issued the China Ban, long before most others wanted to do so. @SecAzar told me nothing until later, and @PeterNavarroUSA memo was same as Ban (see his statements). Fake News!

♡ 3   9:09 PM - Apr 12, 2020   ⓘ

 @SecAzar はトランプ政権での保健福祉庁長官 Alex Azar。
@PeterNavarroUSA はトランプ政権での大統領補佐官 Peter Navarro。
米ニューヨークタイムズ紙は早い段階で両者がトランプ前大統領に対し、コロナウイルスに対応しなければ国に大損害を与えると伝えていたと報じている。

米ワシントン・ポスト紙は 2021 年 1 月 23 日、トランプ前大統領の過去 4 年間の発言について、内容を検証して信憑性を評価する「ファクトチェック」をした結果、同氏は 30,573 回の虚偽や誤解を与える主張をしていたと報じている。

2020年10月12日

Donald J. Trump ✓
@realDonaldTrump

We will have Healthcare which is FAR BETTER than ObamaCare, at a FAR LOWER COST - BIG PREMIUM REDUCTION. PEOPLE WITH PRE EXISTING CONDITIONS WILL BE PROTECTED AT AN EVEN HIGHER LEVEL THAN NOW. HIGHLY UNPOPULAR AND UNFAIR INDIVIDUAL MANDATE ALREADY TERMINATED. YOU'RE WELCOME!

ツイートを翻訳

午前0:48・2020年10月13日・Twitter for iPhone

オバマケアより
ずっと良い
医療制度を
施行する。

at a FAR LAWER COST - BIG PREMIUM REDUCTION（ずっと低価格な、保険料の控除という点で）。トランプ前大統領はより良い医療保険制度を実現すると表明していた。

トランプ前大統領は上記の表明に反し、実際には「オバマケアよりずっと良い医療制度」は提案されず、したがって実現されることもなかった。バイデン大統領は 2021 年 1 月 28 日、国民の医療保険加入拡大に向けた 2 種類の大統領令に署名し、無保険者の医療保険加入を促すため、政府のオンライン医療保険取引所（Healthcare.gov）を再開し、メディケイド（低所得者向け公的医療保険）の加入資格厳格化など、トランプ前政権下で実施された政策を見直すよう連邦政府機関に指示した。

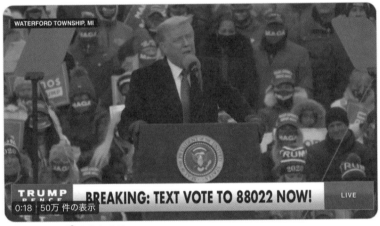

Donald J. Trump ✔
@realDonaldTrump

Joe Biden has vowed to abolish the entire U.S. Energy Industry — no fracking, no energy, and high gas prices. While I am President, America will proudly remain ENERGY INDEPENDENT!

ツイートを翻訳

WATERFORD TOWNSHIP, MI

BREAKING: TEXT VOTE TO 88022 NOW!

0:18 | 50万 件の表示

Team Trump ✔ さんによる

午前3:58・2020年10月31日・Twitter for iPhone

ジョー・バイデンはアメリカ合衆国の エネルギー産業すべてを滅ぼすと誓約している―

👆 ペンシルベニアでの選挙演説にともなってのツイート。トランプ前大統領はバイデンが勝つと "no fracking, no energy, and high gas prices" （フラッキングが禁止されればエネルギーが不足し、そしてガス価格が高騰する）とした。fracking（水圧破砕法）などエネルギー問題は選挙中、そして以後も大きな争点。

バイデン大統領は 2021 年 1 月 20 日、温暖化対策の国際的枠組み「パリ協定」に復帰する大統領令に署名した。また 21 日、カナダからアメリカへ石油を運ぶ「キーストーン XL パイプライン」の敷設を停止する大統領令にも署名している。

Donald J. Trump @realDonaldTrump

Joe Biden constantly used the term "Super Predator" when referring to young Black Men, according to my sources.

10:34 AM

私のソースによると、バイデンは しょっちゅう 黒人男性を『スーパープレデター』と呼んでいる。

 "Super Predator" は「超凶悪な略奪者」。

ロイター通信によると、スーパープレデターという単語を使ったのはジョー・バイデンではなく、ヒラリー・クリントンだった。それにヒラリーも黒人を指してスーパープレデターと発言したわけではない。

Donald J. Trump @realDonaldTrump · 11m
Biden will terminate school choice, eliminate charter schools, defund religious schools, ban prayer in public schools, indoctrinate your children with Anti-American lies, and force you to subsidize extreme late-term abortion. We believe that every child is a Sacred Gift from God!

💬 1.3K　　🔁 3.1K　　♡ 10.2K　　

バイデンは学校選択の自由を根絶し、反米思想で洗脳する。後期中絶への支援を強制する。

terminate school choice, eliminate charter schools, defund religious schools, ban prayer in public schools, indoctrinate your children with Anti-American lies
（学校選択の自由を根絶し、チャータースクールを抹消し、宗教学校の資金援助を止め、公立学校での礼拝を禁止し、あなた方の子どもを反米思想で洗脳する）

バイデン大統領は1月28日、中絶支援団体への助成禁止を撤廃する大統領令と、奴隷制の歴史をゆがめたとの批判があるトランプ前大統領による歴史教育見直しのための諮問機関1776委員会を解体する大統領令に署名した。

勝利確定前に勝利宣言

 Donald J. Trump ✔ @realDonaldTrump · 12分
I will be making a statement tonight. A big WIN!

💬 2.2万　　🔁 6.4万　　♡ 23.8万

 トランプ前大統領はこのツイートで、「making a statement: 声明を出す、A big WIN!: 大勝利」と、勝利宣言を出すことを示唆している。しかし、当時当確はまだ出ておらず、ツイッターだけでなくフェイスブックも「投票は集計中」という旨のラベルをつけている。

トランプ前大統領は大統領選期間中の11月4日、「今夜宣言を出す！　大勝利！」と投稿。しかし、どの勝利に言及しているかや、声明発表の時間は明らかにしなかった。

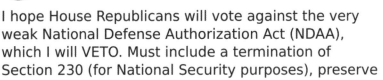

国家安全保障のために
Section 230 を打ち切るべきだ！

Donald J. Trump ✔
@realDonaldTrump

I hope House Republicans will vote against the very weak National Defense Authorization Act (NDAA), which I will VETO. Must include a termination of Section 230 (for National Security purposes), preserve our National Monuments, & allow for 5G & troupe reductions in foreign lands!

1:36 PM · Dec 8, 2020　　　

 Section 230＝ユーザーが投稿した内容に関して、SNS運用企業の法的責任を免除する法律
termination of Section 230(for National Security purposes)
とは（国家安全保障のための）Section 230 の打ち切り、ということ。

選挙期間中、トランプ前大統領のツイッターの投稿の多くに「異議が唱えられており」「誤解を招く恐れがある」という警告が表示されていた。

2020年12月11日

最高裁にはがっかりだ。
アホ、意気地なし！

Donald J. Trump ✓
@realDonaldTrump

The Supreme Court really let us down. No Wisdom, No Courage!

11:50 PM · Dec 11, 2020 · Twitter for iPhone

 "No Wisdom, No Courage" は「知性もなければ勇気もない」。

米大統領選挙の結果をめぐって、米連邦最高裁が4つの激戦州で不正があったとして選挙結果を覆そうとする共和党関係者による前例のない訴えを退けたことを受けての発言。

2021年1月5日

副大統領は不正に選ばれた
選挙人を拒否する
権限がある。

Donald J. Trump ✓
@realDonaldTrump

The Vice President has the power to reject fraudulently chosen electors.

11:06 AM · Jan 5, 2021 · Twitter for iPhone

 大統領選挙投票結果の承認をする会議が開催される1月6日、トランプ前大統領は集会を開く予定だったため、トランプ氏が the power to reject fraudulently chosen electors（不正に選ばれた選挙人を拒否する権限）をもつとするマイク・ペンス前副大統領を頼りにしていたことがわかる。

合衆国憲法では、不正に選ばれた選挙人を拒否する権限は副大統領にはないというのが通説だったが、トランプ前大統領は選挙人による投票結果を承認するための会議が開催される1月6日に向けて、上院議長でもあるペンス前副大統領が選挙人団の投票結果を拒否し、自分の勝利を認定するはずだと主張していた。

投票結果をつきかえせ。
やれマイク、勇気を見せろ！

Donald J. Trump ✓
@realDonaldTrump

States want to correct their votes, which they now know were based on irregularities and fraud, plus corrupt process never received legislative approval. All Mike Pence has to do is send them back to the States, AND WE WIN. Do it Mike, this is a time for extreme courage!

⚠ **This claim about election fraud is disputed**

1:17 PM · Jan 6, 2021   ⓘ

 All Mike Pence has to do is send them back to the States, AND WE WIN.
（マイク・ペンスが票を州に送り返しさえすれば、我々が勝つ）

マイク・ペンス前副大統領は1月6日、上院議長として連邦議会議事堂で大統領選挙人による投票結果を承認するための会議に参加していたが、上院議長として一方的に州の選挙人投票結果を拒否できるという意見は正しくないと言明した。最終的に暴徒乱入後も選挙人の投票結果認定まで審議を続けた。

2021年1月6日

議事堂警察と法執行機関を
助けてください！
平穏に！

Donald J. Trump ✓
@realDonaldTrump   ○○○

Please support our Capitol Police and Law Enforcement. They are truly on the side of our Country. Stay peaceful!

2:38 PM · Jan 6, 2021 · Twitter for iPhone

 Capitol Police and Law Enforcement（議事堂警察と法執行）。

トランプ前大統領は6日、連邦議会議事堂で大統領選挙人による投票結果を承認するための会議が開催されている最中、ホワイトハウス近くの集会で演説し、「議事堂に向かって歩こう」と聴衆を煽っていた。Law Enforcement は正確には Law Enforcement Agency（法執行機関）を指すと思われる。

私は大統領就任式には行かない。

Donald J. Trump ✔
@realDonaldTrump

To all of those who have asked, I will not be going to the Inauguration on January 20th.

 尋ねてきた人へ、私は1月20日の就任式には行かない。

米ツイッター社は1月8日、「暴力行為をさらに扇動する恐れがある」として、トランプ前大統領の個人アカウントを永久凍結し、これが最後のツイートとなった。

2021年1月8日

 President Trump ✔ @POTUS · 6m
🏳 US government account
Replying to @POTUS
...patriots who voted for me. Twitter may be a private company, but without the government's gift of Section 230 they would not exist for long. I predicted this would happen. We have been negotiating with various other sites, and will have a big announcement soon, while we...

💬 190　　　🔁 2.6K　　　♡ 7.1K　　　↑

ツイッターは政府からの贈り物である
Section 230 がなければ生きながらえないだろう。

我々はいろいろな他のサイトと交渉し、
すぐにビッグ・アナウンスメントがある。

 @POTUS は President Of The United States の略。

トランプ前大統領は1月8日、同氏の個人アカウントを凍結されると、米国政府公式アカウント（@POTUS）で立て続けに投稿を開始した。2月17日現在、@POTUSのアカウント名は President Biden となっている。

バイデン大統領「勝利演説」

2020年11月7日にデラウェア州ウィルミントンで行われた「勝利演説」を、VOAニュースサイトで紹介されたノーカット完全版で紹介する。「私に投票してくれた人のためにも、私に投票しなかった人のためにも、一生懸命仕事をします」と、分断を超えてアメリカ国民のための大統領になる、という決意の声を聞いてみよう。（voanews.com より）

写真：ロイター／アフロ

1 | I pledge to be a president who seeks not to divide but unify.

私は分断ではなく統合を目指す
大統領になることを誓います

🔊 16

Hello, my fellow Americans and the people who brought me to the dance, Delawareans. I see my buddy Tom, Sen. Tom Carper down there and I think — I think Sen. Coons is there and I think the governor's around. Is that Ruth Ann? And that former Gov. Ruth Ann Minner? Most importantly, my sisters in law, and my sister Valerie.

Anyway, folks, the people of this nation have spoken. They've delivered us a clear victory, a convincing victory, a victory for we the people. We've won with the most votes ever cast on a presidential ticket in the history of the nation—74 million!

And what I must admit has surprised me: tonight we're seeing all over this nation, all cities in all parts of the country — indeed across the world — an outpouring of joy, of hope, of renewed faith in tomorrow, to bring a better day. And I'm humbled by the trust and confidence you've placed in me.

I pledge to be a president who seeks not to divide but unify. Who doesn't see red states and blue states, only sees the United States. And work with all my heart with the confidence of the whole people, to win the confidence of all of you. And for that is what America—I believe— is about. It's about people. And that's what our administration will be all about.

Tom (Thomas) Carper：トム・カーパー。デラウェア州選出の民主党上院議員
(Christopher Andrew) Coons：クーンズ。デラウェア州選出の民主党上院議員
Ruth Ann Minner：ルース・アン・ミナー。第72代 (2001-09) デラウェア州知事

brought me to the dance：私をダンスパーティ（勝利を祝う会）に招いてくれた

be around：そのあたりにいる

my sisters in law：ジョーには3人の弟妹、妻のジルには4人の妹がいる。「弟の妻やジルの妹たち」のことだろう。

Valerie (Biden Owens)：ヴァレリー。ジョーの妹。通算7期の上院議員時代から一貫して兄の選挙と政治活動を支えてきた。

have spoken：speak は単独で「意見や判断を（はっきり）表明する」。

convincing：納得のいく、圧倒的な。convince は「確信させる」。

the most votes ever cast：過去最高の投票数。cast は過去分詞。

presidential ticket：大統領候補。ticket は公認候補者（名簿）。

74 million：最終的には8000万票を超えた。

what I must admit has surprised me：what (I must admit) has surprised me と考える。直訳は「私を驚かせた（と認めざるを得ない）こと」。*cf.* what (I think) is right「正しい（と私が考える）こと」。

I'm humbled：謙遜したり恐縮しているときに使う常套句。ここは「身の引き締まる思いがする」というくらいの意味。

for that is what America I believe is about：for は「なぜなら」。ここも that is what America (I believe) is about と考える。what America is about は「アメリカとはどういう国か」転じて「アメリカという国の姿（あり方、目的、本質）」。

こんにちは、アメリカのみなさん、そして私をこの勝利を祝うダンスパーティに招いてくれたデラウェアのみなさん。おや、あれはわが親友トムじゃないか、上院議員のトム・カーターがあそこにいます、それから、え〜と……、そこにいるのは上院議員のクーンズですね、たしかあのあたりには知事もいるはずなんだが……。ほらあっちはルース・アンじゃないか……？やはり元知事のルース・アン・ミナーですね？……私にとっていちばん大切な、義理の妹たち、そして私の妹のヴァレリーもいます。

まあ、それはいいとして……。みなさん、この国の人々ははっきりと判断を示しました。人々は私たちに明白な勝利を、信じるに足る勝利を、私たちアメリカ国民にとっての勝利を、もたらしたのです。私たちはかつてひとりの大統領候補に投じられた中で史上最も多くの票を、なんと7400万もの票を、勝ちとりました。

驚きを禁じ得ないのは、アメリカ全体に、この国の、いや世界中のあらゆる地域のあらゆる街に、喜びと希望が溢れかえっているのを、今夜私たちが目撃していることです。明日への信頼が、今よりもよい日がもたらされるだろうという新たな信頼が回復されたからです。そして私は、みなさんが私に託された信頼と信任に身の引き締まる思いでいます。

私は分断ではなく統合を目指す大統領になることを誓います。私に見えるのは赤い州と青い州ではなく、ただアメリカ合衆国だけです。すべてのみなさんの信頼を勝ちえるために、国民全体の信任とともに誠心誠意務めを果たすことを誓います。なぜなら、それこそ私が信じるアメリカのあり方だからです。アメリカは国民のためにあるのです。そしてそれこそ私たちのこれからの政府のあり方になるのです。

2 | I'm Jill's husband.

私はジルの夫であります

🔊 17

I sought this office to restore the soul of America—to rebuild the backbone of this nation, the middle class, and to make America respected around the world again. And to unite us here at home. It's the honor of my lifetime that so many millions of Americans have voted for that vision. And now, the work of making that vision is real, it's a task — the task of our time.

Folks, as I said many times before, I'm Jill's husband. And I would not be here without the love and tireless support of Jill and my son Hunter and Ashley, my daughter, and all our grandchildren and their spouses and all our family. They're my heart. Jill's a mom, a military mom, an educator.

And she has dedicated her life to education, but teaching isn't just what she does — it's who she is. For American educators, this is a great day for y'all. You're gonna have one of your own in the White House. And Jill's gonna make a great first lady. I'm so proud of her.

就任式に臨む夫妻
（ホワイトハウスの就任式の映像より）

this office：アメリカの大統領職。
office は公職、要職（にある地位）
at home：国内で
**the work of making that vision
is real, it's a task**：Biden の
言い間違い。本来は、the work of
making that vision real is the task
of our time「そのヴィジョンをリアル
にする仕事こそ、私たちの時代の任務
である」。

tireless：疲れを知らない、たゆみない
spouse：配偶者
military mom：軍人の母。バイデン
夫妻のふたりの息子はともに軍歴をもっ
ている。5年前に脳腫瘍で亡くなった長
男のボーはイラク戦争に派遣されている。

dedicate A to B：A を B に捧げる
**teaching isn't just what she
does—it's who she is**：what
she does は「彼女が従事するもの」
すなわち仕事、職業、who she is は「彼
女が誰であるか」すなわち「彼女の人
間性、本質」などを表す。
y'all=you all

　私がアメリカの大統領という地位をめざしたのは、アメリカの魂を回復させ、この国の背骨となる中間層を建て直し、アメリカを再び世界中の人々から尊敬を集める国にするため、そして国内で私たち自身をひとつにするためでした。何千万というアメリカ人がそうしたヴィジョンに賛同して票を投じてくれたことは、私の生涯の誇りです。そして今、そのヴィジョンを現実のものとする仕事は使命に、私たちの時代の使命になったのです。

　みなさん、これまで何度も言ってきたことですが、私はジルの夫であります。ジル、そして息子のハンターと娘のアシュリーに孫たち、さらに彼ら彼女らの妻や夫たち、家族みんなの愛と疲れを知らない献身がなければ、今の私はありません。彼らと彼女らは私の心なのです。ジルは母親であり、軍人の母であり、教育者です。

　彼女は教育に生涯を捧げてきました。しかし教育は単なる彼女の仕事でありません。教育は彼女そのものなのです。アメリカの教育者のみなさん、今日はみなさんすべてにとって素晴らしい一日になりました。みなさんの仲間がホワイトハウスの一員になるのです。ジルは素晴らしいファーストレディーになるでしょう。私は心から彼女を誇りに思っています。

3 | Kamala, Doug, you're family— you've become an honorary Biden.

カマラとダグ、君たちはバイデン家の名誉家族になったのです

🔊 18

I'll have the honor of serving with a fantastic vice president who you just heard from, Kamala Harris, who makes history as the first woman, first Black woman, the first woman from South Asian descent, the first daughter of immigrants ever elected in this country.

Don't tell me it's not possible in the United States! It's long overdue. And we're reminded tonight of those who fought so hard for so many years to make this happen. Once again, America's bent the arc of the moral universe more toward justice. Kamala, Doug, like it or not, you're family—you've become an honorary Biden. There's no way out.

PRESIDENT JOE BIDEN

VICE PRESIDENT KAMALA HARRIS

FIRST LADY DR. JILL BIDEN

SECOND GENTLEMAN DOUGLAS EMHOFF

ホワイトハウスの公式ページの The Biden-Harris Administration のコーナーに掲げられた写真。左からバイデン大統領、ハリス副大統領、ファーストレディ、Dr. ジル・バイデン、セカンドジェントルマン、ダグラス・エムホフ

descent：家系。アクセントの位置に注意（第二音節＝下線部）。

elected：この後に to national office または to vice-president が抜けている。

overdue：期限切れ

America's bent the arc of the moral universe more toward justice.：キング牧師が演説で語り、オバマ元大統領が好んで引用したフレーズ "The arc of the moral universe is long, but it bends towards justice." 「道徳的な世界の弧は長いが、それは正義に向かって伸びている」からの拝借。America's は America has、arc は「円弧」、つまり弓状の軌跡。

Doug：ダグ。Douglas Craig Emhoff（ダグラス・エムホフ）。カマラ・ハリスの夫（次期セカンド・ジェントルマン Second Gentleman）で弁護士。ユダヤ系アメリカ人。

no way out：出口はない。way out は「出口、逃げ道」。

そして光栄にも、私は、たった今みなさんがスピーチを聞いたばかりのファンタスティックな副大統領、カマラ・ハリスと一緒に仕事をすることになります。彼女は、この国で（副大統領に）選ばれた最初の女性、最初の黒人女性、最初の南アジア系の女性、そして最初の移民の娘として、歴史を作ることになるのです。

そのようことが合衆国でできるはずがないなどと、言ってはいけません！ それは遠い過去の話なのです。今夜、私たちは、こうしたことを実現させるためにとても長い間、とても熱心に闘ってきた人々のことを忘れてはならないとあらためて思います。再び、アメリカは道徳的な世界の弧を正義に向かって一歩近づけたのです。カマラとダグ、君たちはどうあがいてももう私の家族です。君たちはバイデン家の名誉家族になったのです。もはや逃れる術はありません。

4 | I'm proud of the campaign we built and ran.

私たちが築き運営してきた選挙運動を誇りに思います

🔊 19

To all those of you who volunteered and worked the polls in the middle of this pandemic—local elected officials—you deserve a special thanks from the entire nation. And to my campaign team and all the volunteers and all who gave so much of themselves to make this moment possible, I owe you. I owe you. I owe you everything. And to all those who supported us, I'm proud of the campaign we built and ran.

I'm proud of the coalition we put together. The broadest and most diverse coalition in history: Democrats, Republicans, independents, progressives, moderates, conservatives, young, old, urban, suburban, rural, gay, straight, transgender, white, Latino, Asian, Native American.

I mean it. Especially those moments — and especially those moments when this campaign was at its lowest ebb, the African American community stood up again for me.

You always had my back and I'll have yours. I said at the outset, I wanted to represent — this campaign — to represent and look like America. We've done that. Now that's what I want the administration to look like and act like.

パンデミックのさなかにボランティアで投票所で作業を続けた方たち、地域の選挙管理委員の方々、みなさんは全国民から特別な感謝を受けるに値します。私の選挙運動チームとボランティアのみなさん、そしてこの瞬間を実現するために多大な貢献をしてくれたすべての方々に私は感謝いたします。みなさんのおかげです、すべてはみなさんのおかげなのです。私たちを支援してくれたすべてのみなさん、私たちが築き運営してきた選挙運動を私は誇りに思います。

私たちがまとめ上げた連携を私は誇りに思っています。それは史上最も広範で最も多様性に満ちた連携でした。民主党員、共和党員、無党派層、進歩主義者、穏健派、保守派、若者、高齢者、都市に住む人、郊外に住む人、地方に住む人、ゲイ、ストレート、トランスジェンダー、白人、ラティーノ、アジア系、アメリカ先住民。

嘘ではありません、本気で言っているのです。とくにあのとき……とくに私たちの運動がどん底の状態にあったとき、アフリカ系アメリカ人のコミュニティが私のために再び立ち上がってくれました。

みなさんはいつも私を支えてくれました、これからは私がみなさんを支えます。最初に言ったように、私は表面化されることを……この選挙運動でアメリカの実像が表面化されることを、アメリカの姿が見えてくることを願いました。私たちはその願いを叶えました。これからはそうしたアメリカの姿が政権によって代表され、行動によって見えるようにしたいと思っています。

I mean it：本気である
ebb：引き潮。be at an ebb は「衰退期にある」。

had my back：私を支えてくれた
yours=your backs
at the outset：最初に。outset は「発端」。
represent and look like America：represent America は「アメリカの実像を表面化させる」。look like America は「アメリカのように見える」転じて「アメリカの姿を映し出す」。なお Biden は、I wanted this campaign to represent and look like America と言うつもりだった。
that's what I want the administration to look like and act like：それこそ、政権が表現したり行動で示してほしいと私が思っているものです。act like... は「〜のようにふるまう」転じて「行動によって〜を示す」。

5 | They are not our enemies. They are Americans.

対立候補の陣営の人々は私たちの敵ではありません。彼らはアメリカ人です

🔊 20

For all those of you who voted for President Trump, I understand the disappointment tonight.

I've lost a couple of times myself, but now let's give each other a chance. It's time to put away the harsh rhetoric, lower the temperature, see each other again, listen to each other again. And to make progress, we have to stop treating our opponents as our enemies. They are not our enemies. They are Americans. They are Americans.

The Bible tells us, "to everything there is a season: a time to build, a time to reap, and a time to sow and a time to heal." This is the time to heal in America. Now this campaign is over, what is the will of the people? What is our mandate?

I believe it's this: Americans have called upon us to marshal the forces of decency, the forces of fairness; to marshal the forces of science and the forces of hope in the great battles of our time. The battle to control the virus. The battle to build prosperity. The battle to secure your family's health care. The battle to achieve racial justice and root out systemic racism in this country.

And the battle to save our planet by getting climate under control. The battle to restore decency, defend democracy and give everybody in this country a fair shot. That's all they're asking for—a fair shot.

　トランプ大統領に投票したみなさんは今夜は落胆されていることでしょう。私にはそれが理解できます。

　私自身にも何度か敗北の経験があります。しかしこれからは互いにチャンスを与え合おうではありませんか。激しい言葉のやり取りを控え、頭を冷やし、再び互いの姿を見て、互いの言葉に耳を傾けるときが来たのです。前に進むためには、私たちは対立候補の陣営を敵と見なすのをやめなければなりません。彼らは私たちの敵ではありません。彼らはアメリカ人です。彼らはアメリカ人なのです。

　聖書は私たちに語りかけています、「すべてのことには季節がある。建てるに時があり、刈るに時があり、そして種蒔くに時があり、癒やすに時がある」と。今、アメリカは癒やす時です。もう選挙は終わりました。国民の意思は何でしょうか？ 私たちに付託された任務は何でしょう？

　それは次のようなことだと私は信じます。アメリカの国民は私たちに、私たちの時代の偉大なる闘いのために、礼節の力と公平さの力を結集せよと、科学の力、そして希望の力を結集せよと求めたのです。闘いとは、ウイルスを制御する闘いであり、繁栄をもたらす闘いであり、みなさんの家族の医療を確保する闘いであり、人種的正義を確立し、この国の構造的な人種差別を根絶する闘いです。

　闘いはまだあります。気候をコントロールして地球を救う闘いであり、品位を回復させ、民主主義を守る闘いであり、そしてこの国のすべての人に公平な機会を与えるための闘いです。公平な機会、これこそすべての国民が求めているものなのです。

---

put away：片づける、やめる
harsh rhetoric：（相手を責める）辛辣な言葉
make progress：前進する
opponents：対立候補

Bible：『旧約聖書』「コレヘトの言葉 3：1-3」から。

reap：刈る、収穫する
sow：種をまく
mandate：権限、委任、指令

call upon：求める
decency：品位、礼節、良識
marshal：闘いに備えて（兵や軍を）整列させる、結集する

root out：根絶する

ask for...：〜を求める。for があるとき、ask は「問う」ではなく「求める」。
a fair shot：公平な機会。a shot は「一発」転じて「チャンス、賭け」。

113

6 | I'll work as hard for those who didn't vote for me.

私に投票しなかった人たちのためにも一生懸命仕事をします

🔊 21

Folks, our work begins with getting COVID under control.

We cannot repair the economy, restore our vitality or relish life's most precious moments — hugging our grandchildren, our children, our birthdays, weddings, graduations, all the moments that matter most to us — until we get it under control. On Monday I will name a group of leading scientists and experts as transition advisors to help take the Biden-Harris COVID plan and convert it into an action blueprint that will start on January the 20th, 2021. That plan will be built on bedrock science.

It will be constructed out of compassion, empathy, and concern. I will spare no effort—none—or any commitment to turn around this pandemic. Folks, I'm a proud Democrat. But I will govern as an American president.

I'll work as hard for those who didn't vote for me as those who did. Let this grim era of demonization in America begin to end here and now. The refusal of Democrats and Republicans to cooperate with one another, it's not some mysterious force beyond our control.

It's a decision. A choice we make. And if we can decide not to cooperate, then we can decide to cooperate. And I believe that this is part of the mandate given to us from the American people.

They want us to cooperate in their interest, and that's the choice I'll make. And I'll call on Congress, Democrats and Republicans alike to make that choice with me.

relish：味わう、享受する

transition advisors：政権移行の
ためのアドバイザー
take：（検討のために）採り上げる
on bedrock science：強固
な科学に基づいて。本来は on the
bedrock of science「科学を基盤に
して」。bedrock は「岩盤」。

spare no effort：努力を惜しまな
い。spare は「使うのを控える、取っ
ておく、大目に見る」。
commitment：献身
turn around：「ぐるりと向きを変え
る」転じて「好転させる」。

who did=who voted for me
grim era of demonization：
悪魔に取り憑かれた暗い時代。また
demonization は、誰かを悪者に仕立
て上げる、いわば「魔女狩り」的な意
味でもよく使われる。grim は「気味の
悪い、残酷な」。

in their interest：彼らのために。
interest は「利益」。
call on A to...：A に〜するように
呼びかける、求める

みなさん、私たちの仕事は新型コロナウイルス感染
症を制御することから始まります。

コロナウイルスをコントロールできなければ、私た
ちは経済を回復させることも、活力を取り戻すことも
できません。コロナを制御するまでは、孫や子どもた
ちを抱きしめるという何物にも代えがたい瞬間、誕生
日、結婚式、卒業式など、私たちに最高の時間をもた
らすすべてを享受できなくなるのです。私は月曜日に、
政権移行のためのアドバイザーとして優れた科学者や
専門家からなるチームを指名します。そのチームの力
を借りて、「バイデン＝ハリス・コロナウイルス計画」
が検討され、2021 年 1 月 20 日にスタートする詳細
な行動計画に仕立て上げられるのです。その計画は盤
石の科学に基づいて作られることになるでしょう。

それは思いやりと共感、そして気遣いから作られます。
私はこのパンデミックを克服するためにいかなる努力
を、少しも惜しみませんし、いかなる献身をも惜しみま
せん。みなさん、私は誇り高い民主党員です。しかし私
は、アメリカの大統領として、この国を統治するのです。

私は、私に投票してくれた人たちと同じように、私
に投票しなかった人たちのためにも一生懸命仕事をし
ます。この悪魔に取り憑かれたような残酷な時代に、
今、ここで、終止符を打とうではありませんか。民主
党と共和党が互いに協力し合うことを拒否したとして
も、それは何か人の力が及ばない神秘的な力が働いて
いるからではありません。

それは決断なのです。私たちが行う選択なのです。
だからもし私たちが協力しないと決めることができる
のなら、私たちは協力すると決めることもできるので
す。そして私はこれこそアメリカの国民によって私た
ちに付託された任務のひとつだと信じます。

アメリカの国民は、彼らのために私たちが協力し合
うことを望んでいます。そしてまさにそれこそ私が行
おうとしている選択なのです。私は、私とともにその
選択を行うように、連邦議会、民主党、そして共和党
にも等しく呼びかけます。

7 | We stand at an inflection point.

私たちは変曲点に立っています

🔊 22

The American story is about slow yet steadily widening the opportunities in America. And make no mistake, too many dreams have been deferred for too long. We must make the promise of the country real for everybody, no matter their race, their ethnicity, their faith, their identity, or their disability.

Folks, America has always been shaped by inflection points, by moments in time where we've made hard decisions about who we are and what we want to be. Lincoln in 1860 coming to save the union. FDR in 1932 promising a beleaguered country a new deal. JFK in 1960 pledging a new frontier. And 12 years ago, when Barack Obama made history, he told us, "Yes, we can."

Well, folks, we stand at an inflection point. We have an opportunity to defeat despair, to build a nation of prosperity and purpose. We can do it. I know we can.

I've long talked about the battle for the soul of America. We must restore the soul of America. Our nation is shaped by the constant battle between our better angels and our darkest impulses. And what presidents say in this battle matters. It's time for our better angels to prevail. Tonight, the whole world is watching America. And I believe at our best, America is a beacon for the globe.

The American story is about... : アメリカの物語の本質（内容、意味）は〜にある

slow yet steadliy : ゆっくり、しかし着実に

make no mistake : 「確かに」。独立して文頭や文尾に置かれ、主文を強調。

disability : ハンディキャップ

inflection points : 変曲点。関数曲線で、上昇が下降に、または下降が上昇に転じる位置。「時代を画する節目」ということ。転換点。

FDR : フランクリン・ルーズベルト Franklin Delano Roosevelt

new deal : ニューディール。不況の克服を目的とした社会経済政策。

new frontier : ニューフロンティア。社会福祉の充実などを目指す改革政策。

beleaguered : 困難な状況にある。beleaguer は「（軍が）攻囲する」。

pledge : 誓う

soul : 敬虔なカトリック教徒としての思いが込められた一語。直後に出てくる天使と悪の衝動の話、その後の聖歌からの引用、ラストの信仰の話につながる伏線の働きもしている。

prevail : 広く支配する、勝つ

beacon : 灯台、かがり火、標識

アメリカの物語の本質は、このアメリカにおいて、ゆるやかに、しかし着実に機会が拡大することにあります。ええ確かに、これまであまりにも多くの夢が、あまりにも長く実現を先延ばしにされてきました。私たちは国がする約束があらゆる人たちにとって、その人たちの人種、民族、信仰、アイデンティティ、あるいはハンディキャップにかかわらず、現実になるようにしなければなりません。

みなさん、アメリカはつねに変曲点によって、すなわち、私たちは何者であり、何になりたいかという、難しい決断を私たち自身がしてきた数々の瞬間によって、形成されてきました。リンカーンは 1860 年に登場して「連邦」を救い、1932 年の FDR（フランクリン・ルーズベルト）は苦境に立つアメリカにニューディールを約束し、JFK（J・F・ケネディ）は 1960 年にニューフロンティアを誓いました。そして 12 年前にバラク・オバマが歴史を作ったとき、彼は私たちに言いました、"Yes, we can" と。

さて、みなさん、私たちは変曲点に立っています。私たちは、絶望に打ち勝ち、繁栄と目的のある国を作る機会を手にしているのです。私たちにはそれができます。私は私たちができることを知っているのです。

私は長い間、アメリカの魂のための闘いについて語ってきました。私たちはアメリカの魂を回復させなければならないのです。私たちの国は、私たちのより良い天使と暗黒の衝動との絶え間ない闘いによって形成されます。そしてこの闘いにおいて大統領が語ることは大きな意味をもっています。私たちのより良い天使たちが勝利を収めるときが来ました。今夜、全世界がアメリカを見守っています。そして私は、アメリカが最良のとき、アメリカは世界に航路を示すかがり火であると信じています。

8 | I've always believed we can define America in one word: possibilities.

アメリカはひとつの言葉で定義できると信じてきました。それは「可能性」です

🔊 23

We will not lead — we will lead not only by the example of our power but by the power of our example. I know, I've always believed, many have of you heard me say it, I've always believed we can define America in one word: possibilities. That in America everyone should be given an opportunity to go as far as their dreams and God-given ability will take them.

You see, I believe in the possibilities of this country. We're always looking ahead, ahead to an America that's freer and more just. Ahead to an America that creates jobs with dignity and respect. Ahead to an America that cures diseases like cancer and Alzheimer's. Ahead to an America that never leaves anyone behind. Ahead to an America that never gives up, never gives in.

This is a great nation. It's always been a bad bet to bet against America. We're good people. This is the United States of America, and there has never been anything, never been anything we've been able — not able to do when we've done it together.

we will lead not only by the example of our power but by the power of our example：
we will not lead by... か we will lead not only by... では微妙に（政治的）意味が異なってくる。前者であれば「力の誇示（example of our power）によってではなく」となり、すなわち「力の行使」は否定される。後者であれば「力の誇示によってだけではなく」、すなわち「力の行使」が容認されることになる。ちなみにメディアに配信された演説原稿によれば、前者が予定されていたらしい。単なる言い間違いなのか、意図的なアドリブであったのかは、軽々に判断できない。さらに、ABC News の transcript（演説の書き起こし）は前者を we will not *leave*「私たちは撤退しない」としている。

never leave anyone behind：
誰ひとりとして見捨てない
give in：屈服する

It's always been a bad bet to bet against America.：bad bet は「勝ち目のない賭け」、bet against America は「アメリカの負けに賭ける」。

　私たちは力の誇示によってでは……それだけではなく、私たち自身が手本を示すことによっても、導くのです。私はつねに信じてきました、アメリカはひとつの言葉で定義できると。すなわち「可能性」です。多くのみなさんが私がそう言うのを聞いたことがあると思います。私はつねにそう信じてきたのです。アメリカでは、誰もが、自分の夢と神から与えられた能力によって行き着けるところまで行ける機会が、与えられなければならないのです。

　もうご理解いただけたでしょう、私はこの国の可能性を信じているのです。私たちはいつも未来を見ています、もっと自由で、もっと公正なアメリカを、品位と尊敬をともなった職を創出するアメリカを、癌やアルツハイマー病などの病気を治療するアメリカを、けっして誰も見捨てないアメリカを、けっして諦めることも屈服することもしないアメリカを、見ているのです。

　これが偉大な国家というものです。アメリカの負けに賭けることはつねに分の悪い賭けでした。私たちは善良な国民です。ここはアメリカ合衆国です。今まで、私たちが団結したときには、私たちにやり遂げられた……やり遂げられなかったことは何ひとつありません。

9 | now together on eagle's wings

鷲の翼に乗って

🔊 24

Folks, in the last days of the campaign, I began thinking about a hymn that means a lot to me and my family, particularly my deceased son Beau. It captures the faith that sustains me and which I believe sustains America. And I hope, and I hope it can provide some comfort and solace to the 230 million — thousand Americans who have lost a loved one through this terrible virus this year.

My heart goes out to each and every one of you. Hopefully this hymn gives you solace as well. It goes like this:

"And he will raise you up on eagle's wings, bear you on the breath of dawn, and make you to shine like the sun and hold you in the palm of his hand."

And now togther on eagle's wings, we embark on the work that God and history have called upon us to do with full hearts and steady hands; with faith in America and in each other; with love of country, a thirst for justice. Let us be the nation that we know we can be. A nation united, a nation strengthened, a nation healed.

The United States of America, ladies and gentlemen — there has never, never been anything we've tried we've not been able to do. So remember, as my grandpop — our grandpop, used to say when I walked out of his home when I was a kid up in Scranton, he said, "Joey, keep the faith." And our grandmother, when she was alive, she yelled, "No, Joey, spread it. Spread the faith."

Spread the faith. God love you all. May God bless America and may God protect our troops. Thank you, thank you, thank you.

hymn：（カトリックでは）聖歌、（プロテスタントでは）賛美歌。バイデンはカトリックなので「聖歌」と訳している。

deceased：亡くなった

capture：「捉える」転じて「永続的なかたちで表現する、定着させる」。

which I believe sustains America：which (I believe) sustains America と考える。

230 million—thousand Americans：2億3000万の……いや23万のアメリカ人。なお Americans は families の言い間違い。なお、この時点でアメリカでは20万超のコロナによる死者が出ている。

My heart goes out to...：～に同情する、共感する

now together on eagle's wings...：ここで引用されているのは、カトリックの告別式などでよく歌われる聖歌「鷲の翼の上に On Eagle's Wings」の一節。

embark on...：～に乗り出す

ladies and gentlemen：gender-neutrality（性的中立性）への配慮から、最近はあまり使われない表現とも言われる。

grandpop：grandfather の俗語

Scranton：スクラントン。ペンシルベニア州北東部の都市。ジョーの生誕地。バイデン一家は経済的理由から、一時、スクラントンの母方の祖父母のもとで暮らしていた。

みなさん、選挙戦の終盤、私は私自身と私の家族にとって、とりわけ亡くなった息子のボーにとって大きな意味をもつ聖歌について考えていました。それは私を支え、アメリカを支えていると私が信じる信仰を表現しています。そして私は願っています、それが、今年、恐ろしいウイルスで愛する人を失った2億3000万……23万のアメリカ人（ご家族のみなさん）にとっても、幾ばくかの慰めと癒やしをもたらすことを。

私の心はみなさんお一人おひとりに寄り添っています。私は、この聖歌がみなさんにも慰めを与えることを願っています。それは次のように語りかけています。

神はあなたを鷲の翼の上に導かれ、夜明けの息吹きにあなたを載せられて、あなたを太陽のように輝かせられ、その御手の中にあなたを抱かれる。

さあ、鷲の翼に乗って、私たちは、満たされた心と確かな手際で、アメリカと互いに対する信頼を携えて、国家への愛と正義への渇望を胸に、神と歴史が私たちに行うことを求めた仕事に乗り出すのです。そうなることができると私たちが知っている国になりましょう。統合された国、強くなった国、癒やされた国に。

みなさん、アメリカ合衆国では、これまで私たちが挑戦してできなかったことなどひとつも、ひとつもないのです。だから忘れないでください。私の祖父……私たちの祖父は、私がスクラントンで少年時代を過ごしていた頃、出かけようとしている私によく言ったものでした、「ジョーイ、信仰を守りなさい」。すると私の祖母が、生きている頃にはこう叫んだものです。「いいえ、ジョーイ、広めるのよ、信仰を広めるのよ」。

信仰を広めてください。神はみなさんを等しく愛されています。神よ、アメリカを祝福してください、神よ、私たちの兵士をお守りください。ありがとう、ありがとうございます、ありがとう。

（翻訳・語注 / 高橋勇夫）

ハリス副大統領「勝利演説」

「私が初めての女性副大統領になるにしても、私で最後ではありません。というのは、今夜、これを見ている女の子の誰もが、ここは可能性の国だと気づいているからです」と語るハリス副大統領のはつらつとした肉声を聞いてみよう。(voanews.com より)

写真：ロイター／アフロ

1 | **Our very democracy was on the ballot in this election.**

私たちのまさに民主主義そのものが 今回の選挙における投票にかかっていた

🔊 25

Good evening.

So, Congressman John Lewis — Congressman John Lewis, before his passing, wrote: "Democracy is not a state. It is an act." And what he meant was that America's democracy is not guaranteed. It is only as strong as our willingness to fight for it, to guard it, and never take it for granted. And protecting our democracy takes struggle. It takes sacrifice. But there is joy in it, and there is progress. Because we the people have the power to build a better future.

And when our very democracy was on the ballot in this election, with the very soul of America at stake, and the world watching, you ushered in a new day for America.

To our campaign staff and volunteers, this extraordinary team — thank you for bringing more people than ever before into the democratic process and for making this victory possible. To the poll workers and election officials across our country who have worked tirelessly to make sure every vote is counted — our nation owes you a debt of gratitude. You have protected the integrity of our democracy.

And to the American people who make up our beautiful country— thank you for turning out in record numbers to make your voices heard.

congressman：米国議会議員（特に下院議員を指す）
John Lewis：ジョン・ルイス（1940~2020。アメリカの公民権運動の活動家、ジョージア州選出の下院議員）
passing：（人の）死
state：状態
willingness to...：積極的に～する気持ち
take something for granted：当たり前のことだと思う

very：まさにその
ballot：投票
at stake：危機に瀕している
usher：導き入れる

campaign staff：選挙陣営のスタッフ
poll worker：投票所の作業員
election official：選挙管理委員
tirelessly：休むことなく
vote：投票
count：数える、集計する
owe a debt of gratitude：恩がある、感謝する
integrity：完全性

make up：構成する
turn out：集まってくる、足を運ぶ
in record numbers：記録的な数で
make one's voice heard：声を聞いてもらう

こんばんは。

ジョン・ルイス議員は生前、「民主主義は状態ではない。行為である」と書いています。彼が言いたかったことは、アメリカの民主主義は保証されているわけではないということです。それ（アメリカの民主主義）は、私たちがそのために闘い、それを守り、決してそれが当然だと思わないように意識する程度にしか強くないのです。そして私たちの民主主義を守るためには闘争が必要です。犠牲が伴います。しかし、そのことには喜びがあり、進歩があります。なぜなら、私たちアメリカ国民には、よりよい未来を築く力が備わっているからです。

そして、私たちの民主主義そのものが今回の選挙における投票にかかっていて、アメリカの魂そのものが危機に瀕しており、世界中が注目しているとき、みなさんはアメリカに新しい日をもたらしてくださったのです。

民主党の選挙陣営のスタッフおよびボランティアのみなさん、このすばらしいチームのみなさん、ありがとうございました。みなさんが、これまでになく多くの有権者を民主的なプロセスへといざない、この勝利を可能にしてくださったのです。1票残らず、休むことなく集計してくださった全米の投票所の作業員と選挙管理委員会のみなさん、この国はみなさんに深く感謝しています。みなさんが私たちの民主主義が完全なままであるように守ってくださったのです。

そして、この美しい国を構成するアメリカ国民のみなさん、みなさんが自分の声を聞いてもらおうと記録的な人数で（投票のために）足を運んでくださったことに感謝します。

125

2 | You chose hope and unity, decency, science, and, yes, truth.

みなさんは希望、結束、良識、科学、そして、そうです、真実を選んだのです

🔊 26

And I know times have been challenging, especially the last several months — the grief, sorrow, and pain; the worries and the struggles. But we have also witnessed your courage, your resilience, and the generosity of your spirit.

For four years, you marched and organized for equality and justice, for our lives, and for our planet. And then, you voted. And you delivered a clear message. You chose hope and unity, decency, science, and, yes, truth.

You chose Joe Biden as the next president of the United States of America.

And Joe is a healer, a uniter, a tested and steady hand, a person whose own experience of loss gives him a sense of purpose that will help us, as a nation, reclaim our own sense of purpose.

And a man with a big heart who loves with abandon. It's his love for Jill — who will be an incredible first lady — it's his love for Hunter, Ashley, and his grandchildren, and the entire Biden family. And while I first knew Joe as vice president, I really got to know him as the father who loved Beau, my dear friend, who we remember here today.

And to my husband, Doug, and our children Cole and Ella, and my sister Maya, and our whole family — I love you all more than I can ever express.

challenging：困難な
witness：目撃する
resilience：回復力
generosity：寛大さ
spirit：精神

march：（デモ）行進する
organize：組織する、団結する

decency：良識

healer：癒す人
uniter：結びつける人
tested：試練を経験した
steady hand：（リーダーとしての
優れた）統率［決断］力
loss：喪失

with abandon：思いのままに。
abandon は「あきらめる」の他に、
名詞として「放縦、奔放」の意味がある。
Hunter：ハンター（ジョー・バイデ
ンの次男）
Ashley：アシュリー（ジョー・バイデ
ンと現在の妻ジルとの間に生まれた娘）
Beau：ボー（ジョー・バイデンの長男。
2016 年デラウェア州知事選に出馬する
意向を明らかにしていたが、2015 年 5
月に脳腫瘍のため 46 歳で亡くなった）
remember：哀悼の意を捧げる

　そして今は、特にここ何カ月間はたいへんな時期
だったと承知しています――悲嘆、悲痛、苦痛、不安、
闘争。しかし、私たちはみなさんの勇気、回復力、寛
容な精神も目の当たりにしてきました。

　この 4 年間、みなさんは平等と正義のために、私た
ちの暮らしのために、そして地球のためにデモ行進を
し、団結してきました。そして、投票したのです。ひ
とつのメッセージをはっきりと伝えたのです。みなさ
んは希望、結束、良識、科学、そして、そうです、真
実を選んだのです。

　みなさんはジョー・バイデンをアメリカ合衆国の次
期大統領として選んだのです。

　ジョーは心を癒やしてくれる人であり、私たちを結
束させてくれる人であり、試練を経験した統率力のあ
る人であり、彼自身、喪失を体験しています。それが、
私たちがひとつの国として私たち自身の目的意識を取
り戻すために役立ってくれることでしょう。

　彼は心の広い人で愛にあふれています。それは彼の
ジルへの愛に――彼女はすばらしい大統領夫人になる
でしょう――ハンターへの、アシュリーへの、彼の孫
たちへの、そしてバイデン家全員への愛に現れていま
す。私がジョーと初めて知り合ったのは彼が副大統
領のときでしたが、彼のことを本当によく知るように
なったのは、私の大事な友人、ボーを愛している父親
としてでした。ボーには今日ここで謹んで哀悼の意を
捧げたいと思います。

　そして私の夫ダグと私たちの子どものコールとエラ、
私の妹のマヤ、それに私たちの家族全員――私はあなた
たちを言葉では言いつくせないほど愛しています。

127

3 | I'm thinking about her and about the generations of women

今、私の心に浮かぶのは母のこと、何世代にもわたる女性たちのことです

🔊 27

We are so grateful to Joe and Jill for welcoming our family into theirs on this incredible journey. And to the woman most responsible for my presence here today — my mother, Shyamala Gopalan Harris, who is always in our hearts.

When she came here from India at the age of 19, she maybe didn't quite imagine this moment. But she believed so deeply in an America where a moment like this is possible.

And so, I'm thinking about her and about the generations of women — Black women, Asian, White, Latina, Native American women — who throughout our nation's history have paved the way for this moment tonight.

Women who fought and sacrificed so much for equality, and liberty, and justice for all, including the Black women, who are often, too often, overlooked, but so often prove they are the backbone of our democracy.

All the women who have worked to secure and protect the right to vote for over a century: 100 years ago with the 19th Amendment, 55 years ago with the Voting Rights Act, and now, in 2020, with a new generation of women in our country who cast their ballots and continued the fight for their fundamental right to vote and be heard.

journey：旅路
Shyamala Gopalan Harris：シャ
マラ・ゴパラン・ハリス。カマラ・ハ
リスの母。がん研究者で市民権活動家。
2009年にがんのために死去。

Native American：アメリカ先住
民（の）
pave the way：道を開く

sacrifice：犠牲を払う
liberty：自由
overlook：見落とす、気づかない
prove：証明する
backbone：背骨、バックボーン、
支え柱

19th Amendment：アメリカ憲法
の修正第19条（婦人参政権を認めた）
Voting Rights Act：投票権法（1965
年成立。投票時の人種差別を禁じた）
cast one's ballot：投票する
fundamental right：基本的権利

　私たちはジョーとジルに、このすばらしい旅路にお
いて私たち家族をおふたりの家族として暖かく迎え入
れてくださったことにとても感謝しています。そして
今日、私がこの場にいることの原点となった女性、私
の母シャマラ・ゴパラン・ハリスに感謝します。彼女
はいつも私たちの心の中に生きているのです。

　母は19歳でインドからこの国に来たとき、おそら
くこのようなときがくるとは想像もしていなかったで
しょう。しかし、母は、アメリカとはこのようなこと
が可能な国であると深く信じていました。

　したがって、今、私の心に浮かぶのは母のこと、そ
れから、この国の歴史をとおして今日この日のために
何世代にもわたって道を切り開いてきた黒人女性た
ち、アジア系、白人、ラテン系、アメリカ先住民の女
性たちのことです。

　そうした女性たちは、すべての人の平等と自由と正
義のために闘い、あまりにも多くの犠牲を払ってきま
した。その中で黒人女性はあまりにも頻繁に見過ごさ
れがちですが、彼女たちは自分たちこそこの国の民主
主義のバックボーンであるとさまざまな場面で証明し
ているのです。

　そうした女性たちのすべてが、投票権を獲得して守
るために1世紀以上にわたって努力してきました。そ
して100年前には修正第19条が、55年前には投票
権法が成立し、今、2020年には、この国の新しい世
代の女性たちが投票し、投票によって意見を表明する
基本的権利のための闘いを続けてくれたのです。

4 | **While I may be the first woman in this office, I will not be the last.**

私が初めての女性副大統領になるにしても、私で最後ではないでしょう

🔊 28

Tonight, I reflect on their struggle, their determination, and the strength of their vision — to see what can be, unburdened by what has been. And I stand on their shoulders.

And what a testament it is to Joe's character that he had the audacity to break one of the most substantial barriers that exists in our country and select a woman as his vice president.

But while I may be the first woman in this office, I will not be the last, because every little girl watching tonight sees that this is a country of possibilities.

And to the children of our country, regardless of your gender, our country has sent you a clear message: Dream with ambition, lead with conviction, and see yourselves in a way that others may not— simply because they've never seen it before—but know that we will applaud you every step of the way.

determination：決意
what can be：これからのこと、未来のこと
unburdened by...：〜にとらわれずに
what has been：これまでのこと、過去のこと
stand on someone's shoulders：（先駆者の経験）のおかげである

testament：証拠、証明
audacity：大胆さ
substantial：強固な
barrier：障壁

office：要職。ここでは「副大統領職」

regardless of...：〜にかかわらず
gender：性別
ambition：（苦労しても成し遂げたい）目標、野心、野望
conviction：信念
applaud：拍手する、称賛する

　今夜、私はそうした女性たちの闘争、決意、そして過去にとらわれずに未来に目を向けた彼女たちの先見の明に、思いを馳せています。今日の私があるのは彼女たちのおかげなのです。

　そしてジョーの人格にとってなんとすばらしい証しとなったことでしょう。彼は大胆にも、私たちの国に存在する最も強固な障壁を打ち破り、彼の副大統領に女性を選んだのです。

　しかし、私が初めての女性副大統領になるにしても、私で最後ではないでしょう。というのは、今夜、これを見ている女の子の誰もが、ここは可能性の国だと気づいているからです。

　そして、この国の子どものみなさん、この国はあなたの性別に関係なく、ひとつの明白なメッセージを送ったのです。大いなる目標のある夢を持ちなさい、信念を持って人を導きなさい、そして単に見たことがないという理由だけでそうしない人たちとは違う見方で自分を見つめてください。でも、あなたがその道を一歩進むごとに私たちが拍手を送ることを決して忘れないでください。

5 | But America is ready, and so are Joe and I.

しかしアメリカは準備ができています
そしてジョーと私も準備ができています

🔊 29

And to the American people: No matter who you voted for, I will strive to be a vice president like Joe was to President Obama — loyal, honest, and prepared, waking up every day thinking of you and your family.

Because now is when the real work begins. The hard work. The necessary work. The good work. The essential work to save lives and beat this epidemic. To rebuild our economy so it works for working people. To root out systemic racism in our justice system and society. To combat the climate crisis. To unite our country and heal the soul of our nation.

And the road ahead will not be easy. But America is ready, and so are Joe and I.

We have elected a president who represents the best in us. A leader the world will respect and our children will look up to. A commander in chief who will respect our troops and keep our country safe. And a president for all Americans.

It is now my great honor to introduce the President-elect of the United States of America, Joe Biden.

strive：努力する、励む

そしてアメリカ国民のみなさん、あなたが誰に投票したのかにかかわらず、私は副大統領職を務めるために懸命に努力するでしょう、ジョーが（副大統領時代に）オバマ大統領のためにそうしたように——忠実に、誠実に、準備をし、毎朝、目覚めると国民のみなさんとみなさんの家族のことを考えることでしょう。

というのは、今こそ、本当の仕事が始まるときだからです。困難な仕事が。必要な仕事が。立派な仕事が。人々の命を救い、このエピデミックに打ち勝つために必要不可欠な仕事が。経済を立て直して働く人々が恩恵を受けられるようにするために。司法制度や社会にはびこる制度的な人種差別を根絶するために。気候変動の危機と闘うために。私たちの国をひとつにまとめ、私たちの国の魂を癒やすために。

beat：～に打ち勝つ
epidemic：流行病
root out：根絶する
systemic racism：制度的な人種差別
justice system：司法制度
climate crisis：気候変動の危機
unite：ひとつにまとめる

そして前途は決して生やさしいものではないでしょう。しかし、アメリカは準備ができています。そしてジョーと私も準備ができています。

represent：代表する
look up to：尊敬する
commander in chief：最高司令官
troops：軍隊、兵士たち

私たちは、アメリカ国民の最もよい部分を代表する大統領を選んだのです。世界が、子どもたちが尊敬する指導者を。この国の兵士たちに敬意を払い、私たちの国を安全に保つ最高司令官を。そして、すべてのアメリカ国民のための大統領を。

では、アメリカ合衆国の次期大統領、ジョー・バイデン氏に登場していただきましょう。

（翻訳・語注：山口西夏）

就任式で使われた語彙について

コスモピア編集部

バイデン大統領の就任演説で使われている語彙にはどんな特徴があるのだろうか。比較するために、大恐慌の中、経済の立て直しをはかるためにニューディール政策を掲げたＦ・Ｄ・ルーズベルト大統領の第１回目（1933 年）と、Ｊ・Ｆ・ケネディ大統領（1961 年）、オバマ大統領の１回目（2009 年）、トランプ大統領（2017 年）、それぞれの就任演説の原稿で使われている語彙の頻度を、テキスト解析ソフトの AntConc を使って比較してみた。

we/our/us、you/your、I/my (/me) の代名詞、America/American/Americans を比較してみるとおもしろいことに気づく。バイデン（以下、敬称略）のスピーチには I/my/me が 64 個と極端に多い。ルーズベルト 27 個、ケネディ 8 個、オバマ 7 個、トランプ 4 個であるから、64 個という多さは際立つ。しかもバイデン以外は me を使っていない。we/our/us のように複数形で語ることばはもちろん 5 人とも多いが、あえて一人称単数の I/my/me を多く使っているのは、バイデンが 78 歳という年齢での大統領就任にかける個人的な思い、自分ごととして責務をやりきろうという気持ちが強く出たのだろう。

ルーズベルトには 2 個だった America/American/Americans がケネディ 7 個、オバマ 18 個と比較してもトランプ 35 個、バイデン 37 個と多く使われている。これは、アメリカ第一主義のトランプ大統領のあとを受けてとは言え、コロナ危機と政治的社会的分断の最中、バイデンが人々にアメリカ国民としてひとつになって結束しようと呼びかける上で必要な言葉だったのだろう。ちなみに unity は 8 回使われている。children という言葉が出てくるのは、オバマとバイデンのみである。

● 5人の大統領の就任演説テキストの語彙比較

F・D・ルーズベルト大統領（1回目）		ケネディ大統領		オバマ大統領（1回目）		トランプ大統領		バイデン大統領	
we/our/us	61	we/our/us	62	we/our/us	164	we/our/us	100	we/our/us	160
American/Americas	2	America/Americas/Americans	7	American/American/Americans	18	American/American/Americans	35	American/American/Americans	37
you/yours	2	you/your	10	you	5	you/your	25	you/your	18
I/my	27	I/my	8	I/my	7	I/my	4	I/my/me	64
下記のリストは特徴のある語彙をランダムに抜き出したもの（右の数字が出現数）									
our	29	we	30	our	76	we	50	we	90
we	26	our	20	we	67	our	48	our	43
can	10	us	12	people	11	america	20	i	33
national	10	can	9	america	8	you	14	us	27
people	9	world	9	can	7	american	11	america	20
i	19	pleage	7	together	7	your	11	my	20
my	8	you	7	american	6	people	10	can	18
leadership	7	citizens	5	citizens	6	again	9	you	17
action	6	free	5	equal	6	country	9	nation	14
us	6	nations	5	freedom	6	nation	9	democracy	11
world	6	power	5	journey	6	great	7	americans	9
money	5	americans	4	nation	6	world	5	people	9
nation	5	arms	4	believe	5	god	5	story	9
time	5	fellow	4	god	5	president	5	american	8
congress	4	freedom	4	leberty	5	protected	5	unity	8
discipline	4	help	4	americans	4	americans	4	world	8
efforts	4	hope	4	free	4	citizens	4	history	7
emergency	4	man	4	future	4	power	4	war	7
public	4	peace	4	hapiness	4	thank	4	children	6
respects	4	war	4	oath	4	together	4	together	6
task	4	god	3	children	3	i	3	justice	5
values	4	america	2	fellow	3	united	3	truth	5

VOA ニュース記事

就任式で詩を披露した最年少桂冠詩人

アマンダ・ゴーマン

Amanda Gorman

ハーバード大学を卒業したばかりのアマンダ・ゴーマンは、民主主義がときにその進歩を阻まれることはあっても永遠の敗北を喫することは決してありえない、と力強くその詩で語った。

VOA Learning English "Inaugural Poet Amand Gorman Becomes Best-Selling Author" より

写真：ロイター／アフロ

1 | Gorman is the youngest poet in U.S. history to mark the change of presidential power.

大統領就任式を記念して詩を披露した詩人としては最年少です

🔊 30

"When day comes we ask ourselves,

where can we find light in this never-ending shade?"

On Wednesday, poet Amanda Gorman read her poem, "The Hill We Climb," at the swearing-in ceremony of President Joe Biden and Vice President Kamala Harris.

By Thursday, the 22-year-old was a superstar.

Gorman is the youngest poet in U.S. history to mark the change of presidential power. Past inaugural poets include famous writers like Robert Frost and Maya Angelou.

Gorman is a native of Los Angeles, California, and in 2017 was named the country's first Youth Poet Laureate. She recently completed her studies at Harvard University.

VOA Learning English に掲載されているニュース記事 "Inaugural Poet Amand Gorman Becomes Best-Selling Author"

The Hill We Climb：『私たちが登る丘』
swearing-in ceremony：宣誓就任式

by Thursday：木曜日までには。by... は期限を表し「(遅くとも) 〜までには」。

mark：記念する、祝福する
change of presidential power：大統領権限の移行、政権移行、つまりこの場合は大統領就任式
Robert Frost：ロバート・フロスト (1874 – 1963)。サンフランシスコ生まれ。米国の最も純粋な古典詩人。1961 年、ケネディ大統領の就任式で詩を朗読した。
Maya Angelou：マヤ・アンジェロウ (1928 - 2014)。アメリカの活動家、詩人、歌手、女優。1993 年、クリントン大統領の就任式で詩を朗読した。

native of...：〜生まれの人、〜の出身者
be named：指名される、選ばれる
(National) Youth Poet Laureate：(全米) 青年桂冠詩人。2016 年、詩からヒップホップまで青少年の創作活動を促進するために、大統領府などの後援で、Urban Word NYC によって創設された称号。毎年、全米規模で選考される。社会正義の主張や地域活動も考慮される。

朝になると私たちは自問する

この終わりのない暗闇のどこに光を見いだせるのかと

　水曜日、詩人のアマンダ・ゴーマンさんは、ジョー・バイデン大統領とカマラ・ハリス副大統領の就任式で自作の詩『私たちが登る丘』を朗読しました。

　木曜日までには、この 22 歳の女性はスーパースターになっていました。

　ゴーマンさんは、大統領就任式を記念して詩を披露した詩人としては、アメリカ史上最年少です。これまで大統領就任式で詩を朗読した詩人はロバート・フロストやマヤ・アンジェロウのような著名な詩人がいます。

　ゴーマンさんはカリフォルニア州ロサンゼルスで生まれ育ち、2017 年にはアメリカ初の青年桂冠詩人に選ばれています。彼女は最近、ハーバード大学を卒業しました。

2 | That day gave me a second wave of energy to finish the poem.

あの日が、詩を完成させるために必要な
エネルギーの第二波を与えてくれたのです

🔊 31

On Wednesday, Gorman offered a hopeful future for a deeply divided country.

"We will not march back to what was,

but move to what shall be.

A country that is bruised but whole,

benevolent but bold,

fierce and free."

Her reading — and the ceremony as a whole — took place exactly two weeks after a violent mob of supporters of then-President Donald Trump attacked and occupied the U.S. Capitol Building.

Gorman says she had completed a little more than half of "The Hill We Climb" before the January 6 attack at the Capitol.

"That day gave me a second wave of energy to finish the poem," Gorman told The Associated Press. She chose not to make direct note of the attack, but her references to the event were clear:

offer：上演する、表現する

　水曜日、ゴーマンさんは深く分断された国のために希望に満ちた未来を謡い上げました。

what was：過去

過去に舞い戻るのではなく

what shall be：未来

今後あるべき姿へと向かう

bruise：傷をつける

傷ついても一体であり

benevolent：やさしい、慈悲深い

寛大であっても大胆であり

fierce：激しい

力強く自由な国へと

as a whole：全体として
take place：（行事などが）行われる
violent mob：暴徒
then-President Donald
Trump：当時の大統領ドナルド・トランプ
occupy：占拠する
the U.S. Capitol Building：連邦議会議事堂

　ゴーマンさんの朗読が、そして就任式そのものが行われたのは、ドナルド・トランプ前大統領を支持する暴徒が連邦議会議事堂を襲撃・占拠してからちょうど2週間後でした。

　ゴーマンさんは、1月6日の議事堂襲撃事件が起こる前に『私たちが登る丘』を半分ほど書き終えていたと語っています。

second wave：第二波
Associated Press：AP 通信
make direct note of...：〜について直接触れる
reference：参照、言及

　「あの日が、詩を完成させるために必要なエネルギーの第二波を私に与えてくれたのです」ゴーマンさんはAP 通信にそう語りました。彼女は襲撃については直接触れないようにしましたが、その事件について言及しているのは明らかです。

3 | It can never be permanently defeated.

民主主義が永遠の敗北を喫することは決してありえない

🔊 32

"We've seen a force that would shatter our nation

rather than share it.

Would destroy our country if it meant delaying democracy.

And this effort very nearly succeeded.

But while democracy can be periodically delayed,

it can never be permanently defeated."

Hours after the inauguration, her two books — which are to be released later this year — became number 1 and 2 on Amazon.com's sales list.

Gorman's poetry collection *The Hill We Climb* and her children's book *Change Sings* are set to be published in September.

I'm Ashley Thompson.

force：力、支配力
shatter：粉々に打ち砕く

share：共有する

mean delaying democracy：
民主主義を遅らせることを意味する。
mean -ingは「～することを意味する」。
mean to...「～しようとする」と区別
すること。

nearly：危うく、もう少しで

periodically：周期的に、ときどき

permanently：永遠に
defeat：打ち負かす、敗北させる

inauguration：就任式
be to...：～する予定である。「予定
の be to」の用法
be released：発売される
Amazon.com's sales list：
Amazon の販売リスト。ここでは
「Amazon の予約ランキング」。

poetry collection：詩集
Change Sings：アマンダ・ゴーマ
ンがやさしい詩で綴った子ども向け絵
本『変化は歌声にのって』。2021 年 9
月 21 日発売予定。メディアに公表さ
れている詩の一部は以下の通り。

"I can hear change humming
In its loudest, proudest song.
I don't fear change coming,
And so I sing along."
be set to...：～することになっている

この国を共有するのではなく、粉砕しようとする力を
私たちは見た

それはもし民主主義を遅らせることを意味しているな
ら、この国を滅ぼすことになるだろう

そして、その試みはもう少しで成功するところだった

しかし民主主義がときにその進歩を阻まれることは
あっても

永遠の敗北を喫することは決してありえない

　就任式が終わって数時間後には、今年後半に発売予
定の彼女の著書 2 冊は Amazon の予約ランキングで
1 位と 2 位になりました。

　ゴーマンさんの詩集『私たちが登る丘』と子ども向
け絵本『変化は歌声にのって』は今年 9 月に発売予定
です。

　アシュリー・トンプソンがお伝えしました。

（翻訳・語注：山口西夏）

連邦議会議事堂襲撃後日談、事態はより深刻だった

The US Capitol Attack:
More Troubling than It First Appeared

連邦議会議事堂に乱入したのは烏合の衆だけではなく、実は周到
に計画・組織された集団も一部混じっていた。

写真：ロイター／アフロ

1 | More stories are beginning to describe what really happened.

多くの人の話から、実際に何があったのかが明らかになりつつあります

🔊 33

Carrying flags showing the name of President Donald Trump, the Capitol's attackers are accused of killing one police officer and injuring many others.

Reports say they threatened Vice President Mike Pence.

"Hang Mike Pence!" they cried as they pushed inside. They had built gallows outside, complete with a tied rope. Guns and small explosives were hidden nearby.

Now, more stories are beginning to describe what really happened last week when attackers breached the Capitol. They were looking for the vice president and House Speaker Nancy Pelosi.

They were not just a group of Trump supporters wearing MAGA hats. MAGA stands for Make America Great Again and is a favorite Trump statement.

VOA Learning Englishに掲載されているニュース記事 "The US Capitol Attack: More Troubling than It First Appeared"

attacker：攻撃者、襲撃者
be accused of...：〜のことで非難される［責任を問われる］
injure：負傷させる

threaten：脅かす、危険にさらす

hang：絞首刑にする
push inside：中に押し入る
gallows：絞首台
complete with a tied rope：縄を結びつけられて。complete with... は「〜が完備した、〜までもがそろった」
explosive：爆発物

breach：(壁・陣地などを) 突破する、乱入する
House Speaker Nancy Pelosi：ナンシー・ペロシ下院議長

MAGA = Make America Great Again：「アメリカを再び偉大な国に」アメリカで用いられる選挙スローガンのひとつ。1980年の大統領選挙戦でロナルド・レーガンが初めて使用し、2016年と2020年の大統領選挙戦でドナルド・トランプが使用した。
stand for...：〜の略である、(記号や略語が) 〜を表す
favorite：お気に入りの

ドナルド・トランプ大統領の名前を書いた旗を掲げて連邦議会議事堂に乱入した人たちは、警察官ひとりが死亡し、多くの人が負傷したことの責任を問われています。

報道によれば、乱入者たちはマイク・ペンス副大統領　の安全を脅かしたのです。

「マイク・ペンスを絞首刑にしろ！」彼らは議事堂に押し入りながら叫びました。議事堂の庭には絞首台が縄までつけて用意されていました。その近くには複数の銃と小さな爆発物が隠してありました。

今、多くの人の話から、先週、暴徒が議事堂に乱入したとき実際に何があったのかが明らかになりつつあります。彼らはマイク・ペンス副大統領とナンシー・ペロシ下院議長を探していたのです。

彼らはMAGAの帽子をかぶった単なるトランプ支持者集団ではなかったのです。MAGAとはMake America Great Again（アメリカを再び偉大な国に）の略で、トランプ大統領が気に入っているスローガンです。

周到に計画・組織された集団によるもので、主導者も指揮命令系統も存在した

🔊 34

Congressman Jim McGovern described how he saw the crowd.

"What I saw in front of me," he said, "was basically home-grown fascism, out of control."

Pelosi said Sunday on American television that the breach was "a well-planned, organized group with leadership and guidance and direction."

Smartphone videos are being found, many from the attackers themselves, and lawmakers are telling their stories.

The attack

Thousands of attackers had moved into the area. They quickly pushed through the outnumbered police.

Outside, a man threw a heavy fire extinguisher at the head of a police officer. Capitol Police officer Brian Sicknick was wounded in the attack. He died the next night. Officials say he had been hit in the head with a fire extinguisher.

At about 2 p.m., Pence was taken from the Senate to a secret area. Police announced security measures in the Capitol building, which is often called the "People's House."

連邦議会議事堂の外には、トランプ支持派の人々が雲霞のように群がり、激しく議場内への侵入をはかっていた。
写真：ロイター / アフロ

Congressman：下院議員
crowd：群衆

home-grown：国産の、自国［地元］の
fascism：ファシズム
out of control：制御しきれない

breach：乱入
guidance：指示、指揮
direction：命令

lawmaker：議員

outnumbered：数で圧倒された、数において劣勢である

fire extinguisher：消火器
officials：（公的機関などの）当局（者）

the Senate：上院
announce security measures：非常事態に陥ったことを認め、（州兵の動員要請など）鎮圧のために行動に移ることを明らかにする（宣言する。）security measure は「安全対策［措置］」。
People's House：人民の議会［議事堂］

ジム・マクガバン下院議員（民主党）は彼の見た群衆の様子を次のように語っています。

「私の面前で繰り広げられていたのは、本質的にこの国で生まれたファシズムであり、それは制御不可能でした」

ペロシ下院議長は日曜日（1 月 10 日）にアメリカのテレビ番組で、今回の乱入事件は「周到に計画・組織された集団によるもので、主導者も指揮命令系統も存在した」と述べています。

現在、スマートフォンで撮影した動画が発見されつつあり、その多くは乱入者たち自身が投稿したものです。そして議員たちも自己の体験を語っています。

襲撃

数千人の集団はすでに議事堂の敷地内に入ってきていました。彼らは人数において劣勢である警察官たちをあっという間に押しのけて建物に向かいました。

外では、ひとりの男が警察官の頭をめがけて重い消火器を投げつけました。議事堂警察官のブライアン・シックニック氏はこの攻撃で負傷して、翌日夜、死亡しました。当局によると、頭に消火器が命中したのです。

午後 2 時頃、ペンス副大統領は上院本会議室から秘密の避難所に移動させられ、警察は議事堂内の安全対策を呼びかけました。なおこの議事堂はしばしば「People's House 人民の議事堂」と呼ばれています。

3 At 2:15 p.m., a voice said "The protesters are in the building."

午後2時15分、音声が流れました。 「抗議者集団が建物内に侵入しました」

🔊 35

At 2:15 p.m., a voice said on the building's sound system: "The protesters are in the building." The doors of the House of Representatives were barricaded. Lawmakers inside were told they may need to hide or go to small rooms connected to the House floor because the attackers were in the building.

Capitol Police pulled Pelosi away from her podium, she told American television.

At 2:44 p.m., lawmakers inside the House chamber were getting ready to leave. They heard the gunshot that killed Ashli Babbit, as she climbed through a broken window.

Ten minutes later, House lawmakers and employees were taken to a secure room. The attackers broke into Pelosi's offices while her employees hid in another room. They sat silent, in the dark for more than two hours.

議場内部の議員たち。身の危険を感じて隠れる議員もいれば、スマホで撮影する議員もいる。
写真：AP/ アフロ

sound system：館内放送などの音響システム
House of Representatives：下院（の本会議室）
House floor：下院の議場

Capitol Police：議会警察、議事堂警察
podium：演壇

House chamber：下院本会議室
gunshot：銃声
Ashli Babbit：アシュリー・バビット（カリフォルニア州在住の元空軍兵士の女性、35歳。この女性を撃って死亡させた議事堂警察の警官は休職処分になった）

House lawmakers：下院議員
secure room：安全な部屋

　午後2時15分、議事堂の館内放送で「抗議者集団が建物内に侵入しました」という音声が流れました。下院本会議場の扉はすべてバリケードでふさがれました。会議室にいた議員たちは、乱入者たちがすでに建物内にいるので、どこかに隠れるか、下院の議場に接続している小部屋に入るように言われました。

　ペロシ下院議長は、自分は議事堂警察によって演壇から立ち退かされた、とアメリカのテレビ番組で述べています。

　午後2時44分、下院本会議室にいた議員たちがそこから出ていく準備をしていたとき銃声を聞きました。その銃撃で、割られたガラス窓から侵入したアシュリー・バビットさんが死亡したのでした。

　10分後、下院議員らと職員たちは安全な部屋に誘導されました。乱入者たちはペロシ下院議長の執務室に押し入りましたが、ペロシ氏のスタッフはみな別の部屋に隠れていて、暗い室内で2時間以上、押し黙って座っていました。

4 | **Within the hour, the House and Senate had returned to work.**

1時間以内に上院・下院の議員たちは審議を再開しました

🔊 36

On the Senate side, Capitol Police had ordered all workers and reporters and any nearby senators (to go) into the Senate chamber and lock it. At one point about 200 people were inside. They were guarded by an officer holding what appeared to be large guns.

Officials then moved everyone out of the chamber and into a secure room. The Senate employees held onto boxes holding the Electoral College papers. The attackers breached the empty Senate chamber. They took pictures and videos of themselves.

Outside the chamber, the attackers continued to search for lawmakers. "Where are they?" people could be heard yelling.

At about 5:30 p.m., the National Guard arrived and an effort began to clear the building. Using tear gas, they pushed the attackers out of the building and onto the grass.

Within the hour, the House and Senate had returned to work. Lawmakers confirmed Biden's election victory early the next morning. Many were still shocked by the events.

Senate side：上院の側。アメリカ
の連邦議会議事堂は、ドームを中心に
して南側が下院の棟で、北側が上院の
棟となっている。
senators：上院議員
Senate chamber：上院本会議室
lock：鍵をかける

hold onto...：～をつかんでおく、
抱える
holding...：～が入っている。この
hold は「収納している」の意味。
Electoral College papers：選
挙人団の投票用紙。college は「（特定
の）団体」。

National Guard：州兵
effort：尽力、取り組み
clear：排除する、一掃する
tear gas：催涙ガス
grass：芝生

House and Senate：下院と上院
（議員）
confirm：確認する、認定する
event：出来事、事件

上院の棟では、議事堂警察が職員全員と報道記者た
ち、そして近くにいた上院議員たちを上院本会議室に
誘導して扉を施錠しました。ある時点では約 200 人
がそこにいて、大きな銃と見受けられるものを手にし
た警察官に守られていました。

その後、全員が会議室から安全な部屋に誘導されま
した。上院の職員たちは選挙人団の投票用紙の入った
箱をしっかり抱えていました。乱入者たちはすでに誰
もいなくなった上院本会議室に侵入して、自分たちの
写真や動画を撮影しました。

会議室の外では乱入者たちがまだ議員たちを探して
いました。「あいつらはどこにいるんだ？」そう叫ん
でいるのが聞こえました。

午後 5 時 30 分頃、州兵が駆けつけて乱入者たちを
建物から排除し始め、催涙ガスを使って建物の外へ、
芝生の庭へと追い出しました。

その後 1 時間以内に上院・下院の議員たちは審議を
再開しました。翌日の早朝、議員たちはバイデン氏の
当選を認定しました。議員の多くが今回の事件にまだ
ショックを受けていました。

5 | A newly-elected member of the West Virginia House of Delegates also was arrested.

ウェストバージニア州の新人下院議員 デリック・エバンスも逮捕されました

🔊 37

Federal and local police now have begun arresting those involved in the breach. More arrests are expected as police look at videos and pictures on social media. The justice department has charged at least 13 people so far. Others have been charged by the District of Columbia. Some face gun charges.

Those arrested include Jake Angeli. He wore a fur hat with horns. He has attended many Trump events and is a well-known believer in conspiracies.

Adam Johnson was photographed smiling as he took Pelosi's lectern. Richard Barnett was photographed with his feet on Pelosi's desk. Eric Munchel was photographed in military clothing holding plastic restraints in the Senate Chamber. And Derrick Evans, a newly-elected member of the West Virginia House of Delegates, also was arrested. He has since resigned.

I'm Susan Shand.

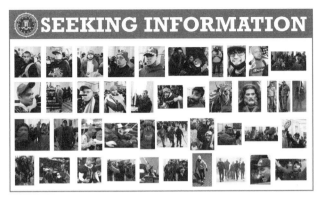

FBI が出した指名手配者の
写真

Federal and local police：連邦
警察と地元警察
arrest：逮捕する
involved in...：〜に関わっている
justice department：司法省
so far：今までのところ
District of Columbia：コロンビ
ア特別区、通称ワシントン D.C.（アメ
リカ合衆国の首都）
face a charge：嫌疑をかけられる
gun charges：銃器不法所持罪

Jake Angeli：ジェイク・アンジェリ。
アリゾナ州出身の俳優の卵。議事堂突入
時には上半身裸でバッファローの帽子を
被り、顔にはペイントを施していた。ト
ランプ支持者の集会にはフル装備で駆け
つける常連。極右陰謀論 Q アノンの熱
烈な信奉者。
conspiracy：陰謀（論）

lectern：演台
military clothing：軍服
plastic restraint：プラスチック製
の拘束具
Derrick Evans：デリック・エバンス。
ウェストバージニア州の下院議員。侵入
時に動画を撮影して投稿していた。
**newly-elected member of
the West Virginia House of
Delegates**：ウェストバージニア州
の新人下院議員
since：〈副詞〉その後
resign：辞任する

現在、連邦警察と地元警察は今回の乱入に関わった
人たちを逮捕し始めています。SNS に投稿されてい
る動画や画像を警察が点検するにつれ、さらに多くの
逮捕者が出ると予想されます。司法省はこれまでに少
なくとも 13 人を起訴しています。それ以外の人たち
はコロンビア特別区によって起訴されました。銃の不
法所持罪に問われている人たちもいます。

逮捕された人たちの中にはジェイク・アンジェリも
います。彼は水牛の角のついた毛皮の帽子をかぶって
いました。彼はこれまでトランプ大統領関連の多くの
イベントに参加しており、陰謀論の信奉者として知ら
れています。

アダム・ジョンソンはペロシ下院議長の演台を持
ち去りながら笑っている姿が撮影されています。リ
チャード・バーネットはペロシ氏の執務室の机に足
をのせて写真に映っています。エリック・マンチェル
は軍服姿でプラスチック製の拘束具を手にしているの
が上院本会議室で撮影されています。そしてウェスト
バージニア州の新人下院議員デリック・エバンス（共
和党）も逮捕されました。彼はその後、辞任しました。

スーザン・シャンドがお伝えしました。

（翻訳・語注：山口西夏）

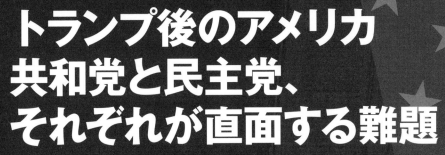

トランプ後のアメリカ
共和党と民主党、
それぞれが直面する難題

Republicans, Democrats Face Different Challenges in Post-Trump Era

大統領選挙に勝利した民主党も、トランプが大統領職から退いた
後の共和党も、それぞれが引きずるトランプ後遺症とは。

写真：ロイター／アフロ

1 | Surveys show most Republicans still embrace Trump.

世論調査によれば、共和党支持者のほとんどがまだトランプ氏の考えを信奉しています

🔊 38

Mike O'Sullivan (Reporter): Trump was found not guilty of inciting violence against the US government after his supporters stormed Congress January 6th enraged by Trump's false charge that Joe Biden stole the election. Democrats said Trump's responsibility was clear. Seven Republicans agreed, but others said there was not enough evidence. A Reuters Ipsos poll shows 71% of US adults and half of Republicans believe Trump is partly responsible for the riots.

Zach (Supported Impeachment): Everything he's been doing is trying to ruin the very fragile voting system we already have that's already been beaten down quite a bit.

Mike O'Sullivan (Reporter): A Trump supporter said Congress was wasting its time.

Shell Reinish (Trump Supporter): Impeachment is to remove a President—a sitting President— from his office. He is no longer in his office.

Mike O'Sullivan (Reporter): Surveys show most Republicans still embrace Trump.

Republicans, Democrats Face
Different Challenges in Post-Trump Era
（voanews.com）
＊本映像は電子版でご覧になることができます。

Republican：共和党、共和党支持者
Democrat：民主党、民主党支持者
post-Trump era：トランプ後の時代

be found not guilty：無罪となる
incite violence：暴力行為を扇動する
storm：乱入する
Congress：連邦議会
enraged：激怒した
false charge：間違った告発、非難
steal an election：選挙を盗む、
不正な方法で選挙に勝つ
Reuters Ipsos poll：ロイター／
イプソスの世論調査。poll は世論調査、
投票
riot：暴動、騒動

impeachment：弾劾
ruin：破滅［破壊、崩壊］させる
fragile：もろい、壊れやすい
voting system：選挙システム
beat down：打ちのめす
quite a bit：かなり、相当に

**remove someone from his/
her office**：（人）を解任する
sitting：現職の
be in one's office：役職についている、在任している

survey：（世論）調査
embrace：受け入れる、信奉する

マイク・オサリバン（レポーター）： トランプ前大統領は、トランプ支持者らが 1 月 6 日に連邦議事堂に乱入した事件に関して、アメリカ政府に対する暴動を扇動したという容疑では無罪となりました。トランプ支持者たちは、ジョー・バイデン氏が「選挙を盗んだ」とするトランプ氏の誤った主張によって怒りを誘発されたのでした。民主党員らは明らかにトランプ氏に責任があると主張しました。共和党の 7 議員はそれに同意しましたが、残りの共和党議員は証拠不十分だと述べました。ロイター／イプソス（Ipsos）の世論調査によれば、アメリカの成人 71 パーセント、そして共和党支持者の半数は、今回の暴動に関してはトランプ氏にある程度の責任があると考えています。

ザック（トランプ弾劾を支持）： 彼（トランプ氏）が行ってきたことはすべて、この非常に脆弱な、すでに「つぎはぎだらけ」の現在の選挙システムを崩壊させようとすることなのです。

マイク・オサリバン（レポーター）： あるトランプ支持者は、議会は（弾劾裁判をして）時間を無駄にしていると言います。

シェル・ライニッシュ（トランプ支持者）： 弾劾とは大統領を、現職の大統領を解任することです。彼はもう退任しているのです。

マイク・オサリバン（レポーター）： 世論調査によれば、共和党支持者たちのほとんどが今もまだトランプ氏の考えを信奉しています。

159

2 | President Joe Biden and Democrats in Congress face challenges.

ジョー・バイデン大統領と民主党議員らを待ち受けていたのは挑戦すべき難題でした

🔊 39

Barbara Perry (Miller Center, University of Virginia): In fact, 70% of Republicans believe that Joe Biden was illegally elected President.

Mike O'Sullivan (Reporter): Something Republican leaders admit is false, but the analyst says Trump supporters got the policies they wanted.

Barbara Perry (Miller Center, University of Virginia): They got lowered taxes, fewer regulations, conservatives on the Federal bench, conservatives on the Supreme Court…

Mike O'Sullivan (Reporter): …an aggressive foreign policy and hard-line on border issues. President Joe Biden and

illegally：違法に、不正に Democrats in Congress face challenges.

Elaine Kamarck (Brookings Institution): The Democrats need to get us out of COVID and get the economy back on track. They've got a pretty straight forward job to do. And whatever ideological divisions there are in the party, they are muted compared to the Republican party.

illegally：違法に、不正に

regulation：規制
conservative：保守的な人
Federal bench：連邦判事
Supreme Court：最高裁判所

aggressive 積極的な、強引な
foreign policy：外交政策
hard-line：強硬路線
border issues：国境問題

Brookings Institution：ブルッキングス研究所（アメリカの民間シンクタンク）
COVID = Coronavirus
Disease（コロナウイルス感染症）
get... back on track：〜を再び軌道に乗せる、〜を回復させる
pretty：ずいぶん、とても
straight forward job：わかりやすい仕事、単純明快な仕事
ideological division：イデオロギー上の分断
muted：おだやかな、控えめな

バーバラ・ペリー（バージニア大学ミラーセンター）：実際、共和党支持者の 70 パーセントが、ジョー・バイデン氏は不正選挙で当選した大統領だと信じているのです。

マイク・オサリバン（レポーター）：共和党の指導者たちが認めていることには事実ではないことも含まれていますが、この政治アナリスト（バーバラ・ペリー氏）によれば、トランプ支持者たちは彼らが求めていた政策を手に入れたのです。

バーバラ・ペリー（バージニア大学ミラーセンター）：彼らが手に入れたのは減税、規制緩和、連邦裁判所と最高裁に保守派の判事……

マイク・オサリバン（レポーター）：……そして強引な外交政策、国境問題における強硬路線などです。ジョー・バイデン大統領と民主党議員らを待ち受けていたのは挑戦すべき難題でした。

イレーヌ・カマーク（ブルッキングス研究所）：民主党議員らは国民をコロナ禍から救い出し、経済回復をはかる必要があります。彼らにはするべき明快な仕事があるのです。そして党内にたとえイデオロギー上の対立があっても、それは共和党に比べればたいしたことではありません。

3 | the man may be the most unconventional former president

トランプは誰よりも慣習にとらわれなかった大統領かもしれない

🔊 40

Mike O'Sullivan (Reporter): Trump is loved by his base, but reviled by some Republicans, and only tolerated by others. Kamarch and her colleagues at the Brookings Institution foresee a range of possible futures for Trump.

Elaine Kamarck (Brookings Institution): It goes all the way from leading the Republican party and getting reelected as President in 2024 to going to jail, or having to go into exile in Russia or Saudi Arabia or someplace like that.

Mike O'Sullivan (Reporter): Exonerated in Congress, Trump remains a target for many prosecutors over his business deals. Kamarck says the man who defied expectations of presidential behavior may be the most unconventional former president.

Mike O'Sullivan, VOA News.

base：ここでは「支持者層」
revile：罵る、批判する
tolerate：許容する、我慢する
colleague：同僚
foresee：予見する
a range of...：広範な〜

all the way：さまざまに、幅広く
go into exile：亡命する

exonerate：身の証を立てる、無罪
となる
prosecutor：検察官
business deal：商取引
defy：無視する、ものともしない
unconventional：慣習［因習］に
とらわれない

マイク・オサリバン（レポーター）：トランプ氏は彼の
支持者層には愛されていますが、一部の共和党員には批
判され、それ以外の人たちは大目に見られているだけで
す。カマーク氏と彼女のそしてブルッキングス研究所の
同僚はトランプ氏の今後のあり方を広範に予見してい
ます。

イレーヌ・カマーク（ブルックキングス研究所）：たと
えば、共和党を主導して2024年に大統領に再選され
ることから、投獄されたり、ロシアやサウジアラビア
などの国に亡命することまで、さまざまなことが考え
られます。

マイク・オサリバン（レポーター）：議会では無罪とな
りましたが、トランプ氏はまだ商取引に関して多くの
検察官の標的のままです。カマーク氏によれば、大統
領に期待される言動を完全に無視した男は、誰よりも
慣習にとらわれなかった前大統領かもしれないのです。

VOAニュースのマイク・オサリバンがお伝えしました。

（翻訳・語注：山口西夏）

保存版

キーワードでアメリカと世界を読む
完全版バイデン大統領就任演説

2021 年 4 月 1 日第 1 版第 1 刷発行

コスモピア編集部・編

校閲：高橋勇夫
　　　高橋清貴

AD：松本田鶴子

表紙写真：ロイター / アフロ

翻訳／語注：山口西夏、高橋勇夫
英文校正：Sean McGee

写真提供：アフロ、iStockphoto

発行人：坂本由子
発行所：コスモピア株式会社
　　　　〒 151-0053　東京都渋谷区代々木 4-36-4　MC ビル 2F
営業部：TEL: 03-5302-8378 email: mas@cosmopier.com
編集部：TEL: 03-5302-8379 email: editorial@cosmopier.com
https://www.cosmopier.com/（コスモピア）
https://e-st.cosmopier.com/（コスモピア e ステーション）
https://ebc.cosmopier.com/（子ども英語ブッククラブ）

電子版：無料引き換えコード
Q54Na
有効期限：2025 年 12 月 31 日

©2021 CosmoPier Publishing Company, Inc.

本誌のご意見・ご感想をお聞かせください！

本書をお買い上げいただき、誠にありがとうございます。
今後の出版の参考にさせていただきたく、ぜひ、ご意見・ご感想をお聞かせください。（PC またはスマートフォンで下記のアンケートフォームよりお願いいたします）

アンケートにお答えいただいた方の中から抽選で毎月 10 名の方に、コスモピア・オンラインショップ（https://www.cosmopier.net/shop/）でお使いいただける 500 円のクーポンを差し上げます。
当選メールをもって発表にかえさせていただきます。

https://forms.gle/cSsqMerjri4PgYPZ7

コスモピア e ステーション

コスモピアが提供する英語学習のための
オンライン電子図書館

https://e-st.cosmopier.com

PC
スマホ
タブレット
対応

英語多読の森 **読み放題コース** 毎月 880 円（税込）

約**1600**タイトル*の英語学習用リーダーが読み放題！

　英語の基礎を作るための Graded Readers や Leveled Readers などが読み放題。理解度チェッククイズもついていますので、英語多読にぴったりのコースです。

特長

- やさしい英語の本が読み放題
- 読んだ語数は自動でカウント
- すべての素材は音声つき（速度調節機能あり）
- 音声を使ったシャドーイング練習（録音機能つき）
- どんどん増えるコンテンツ

ジャンル、レベル、シリーズ、語数などで検索できます。

*収録タイトル数は、2021 年 2 月時点のものです。

PC 版では作品部分を全画面表示で読むことができます。

内容をきちんと理解しているかをチェックできるリーディングクイズもついています。

ひとつの素材でこれだけトレーニングできる！

リーディング	読速チェック	リーディングクイズ	聞き読み	リスニング *スピード調節機能	シャドーイング *録音機能	サマライズ *ライティング+模範例

登録シリーズ一部紹介：Building Blocks Library（mpi）/ ラダーシリーズ（IBC パブリッシング）/ Happy Readers、Smart Readers、I Love Poems、Greek Roman Myths（Happy House）/ Foundations Reading Library、Our World Readers（ナショナルジオグラフィック社）/ Cosmopier Library（コスモピア）

まずは
無料会員から

無料会員登録をすると「読み放題」・「聞き放題」コースの
コンテンツを下記の条件でご利用いただけます。

★読み放題コース：Chapter 1 コンテンツを毎月3本まで
　聞き放題コース：毎月5コンテンツまで

「読み放題＋聞き放題セット」コース月額990円（税込）もあります。

英語多聴ライブラリ　聞き放題コース　毎月550円（税込）

さまざまなジャンルの英語音声約2700*コンテンツが聞き放題！

「英語聞き放題」コースの学習の中心は「シャドーイング」です。ニュースや映画スターのインタビュー、会話のスキット、TOEIC用教材などさまざまなジャンルの音声を教材に、自分で声を出すトレーニングを行うことで、リスニング力、スピーキング力向上につながります。

特長

- レッスンの中心はシャドーイング（リスニング＆スピーキング力アップに効果あり）
- 厳選されたオリジナル教材多数
- 聞いた語数は自動でカウント
- 自分のシャドーイング音声を録音できる
- どんどん増えるコンテンツ（最新ニュースや動画付き学習素材、『多聴多読マガジン』のコンテンツなど）

音声タイプ（会話／スピーチ／インタビュー）や、素材のジャンル（フィクション／ノンフィクション／ビジネス）をレベル別に検索できます。

トレーニング画面のイメージ。各コンテンツには、スクリプト、語注、訳がついています。

自分の音声を録音し、ダウンロードして、モデル音声と比較することができます。

シャドーイング画面では、スクリプトは表示されません。モデル音声だけを頼りに、まねをしてみましょう。

ひとつの素材でこれだけトレーニングできる！

リスニング ＊動画付きコンテンツもあり	意味チェック ＊スクリプト、語注、訳	聞き読み ＊内容を理解しながら黙読	パラレル・リーディング ＊テキストを見ながら声に出す	シャドーイング ＊音声の後について声に出す

多聴多読Magazine

定期購読のご案内

年6回届く雑誌で、英語のモチベーションアップ！

一生使える英語の基礎をつくる！
多聴多読Magazine 4 Apr. 2021 スマホで聞ける!!
[特集] 英語脳を育てよう！
今年こそ、英語多読
特別付録 電子版1万語パック

特典 コスモピアに直接お申し込みの場合、以下の特典が付きます。

ニュース英語や世界のセレブたちの英語コンテンツがいつでも聞ける！

❶ **eステ**「英語聞き放題」をプレゼント！

eステ「英語聞き放題コース」が一年間使い放題！

※1年間有効（月額550円[税込]×12カ月＝6600円分が無料に！）

❷ 電子版『海外ドラマで英語をモノにする！』をプレゼント！

❸ コスモピアの出版物が 10% OFF！

定期購読中にコスモピアから直接ご購入いただくと、出版物・通信講座が1割引になります。

❹ 英語リーダーなども 5～10% OFF！

定期購読中はコスモピアが取り扱っている Happy リーダー、Smart リーダーや英語絵本などの洋書も特別価格でご購入可。

定期購読料 1年間（6冊）**8,880円**（税込、送料込）

お申込方法 オンラインショップで

www.cosmopier.net/shop/

・コスモピアのホームページからお申し込みください。
・お支払い方法はクレジットカードです。

[例] 2021年4月25日申込締切 ➡ **2021年6月号スタート！**

2021年6月25日申込締切 ➡ **2021年8月号スタート！**

『多聴多読マガジン』は奇数月6日発売の隔月刊英語学習誌です。